水經卷第二十四

漢桑欽撰　後魏酈道元注

睢水　瓠子水　汶水

睢水出梁郡鄢縣

睢水出陳留縣西蒗蕩渠東北流地理志曰睢水首受陳留浚儀蒗蕩水也經言出鄢非矣又東逕高陽故亭北俗謂之陳留北城非也蘇林曰高陽者陳留北縣也按在留使鄉聚名也有漢廣野君廟碑延熹六年十二月雍丘令董生仰餘徽於千載遵茂美於絕代命縣人長照爲文用章不朽之德其畧云輟洗分餐諮謀帝猷陳鄭有涿鹿之功海岱無牧野之戰大康華夏綏靜黎物生民以來

功盛莫崇今故字無聞而軍碑介立矣陳留風俗傳曰酈氏居於高陽沛公攻陳留縣酈食其有功封高陽侯有酈峻字文山官至公府掾大將軍商有功食邑于涿故自陳留縣有鉼亭鉼鄉建武二年世祖封王常爲侯國也睢水又東逕雍丘縣故城北縣舊杞國也殷湯周武以封夏后繼禹之嗣楚滅杞秦以爲縣圏稱曰縣有五陵之名故以氏縣矣城内有夏后祠昔在二代享祀不輟秦始皇圖築其表爲大城而以縣焉睢水又東水積成湖俗謂之白羊陂陂方四十里右則姦梁陂水注之其水上承陂水東北逕雍丘城北又東分爲兩瀆謂之雙溝俱入白羊陂陂之東合洛架水口水上

承汳水謂之洛架水東南流入于睢水睢水又東
逕襄邑縣故城北又東逕雍丘城北睢水又東逕
寧陵縣故城南故葛伯國也王莽改曰康善矣歷
鄢縣北二城南北相去五十里故經有出鄢之文
城東七里水次有單父令楊彦尚書郎楊禪字文
節兄弟二碑漢光和中立也

又東過睢陽縣南

睢水又東逕横城北春秋左傳昭公二十一年樂
大心豐愆華牼禦華向於横杜預曰梁國睢陽縣
南有横亭今在睢陽縣西南世謂之光城蓋光横
聲相近習傳之非也睢水又逕新城北即宋之新
城亭也春秋左傳文公十四年公會宋公陳侯衛

侯鄭伯許男曹伯晉趙盾盟于新城者也睢水又
東逕高鄉亭北又東逕亳城北南亳也即湯所都
矣睢水又東逕睢陽縣故城南周武王封微子啓
于宋以嗣殷後爲宋都也昔宋元君夢江使乘輜
車被繡衣而謁於元君元君感衛平之言而求之
于泉陽男子余且獻神龜於此矣秦始皇二十二
年以爲碭郡漢高祖嘗以沛公爲碭郡長天下旣
定五年爲梁國文帝十二年封少子武爲梁王太
后之愛子景帝寵弟也是以警衛貂侍飾同天子
藏珍積多擬京師招延豪傑士咸歸之長卿之徒
免官來遊廣睢陽城七十里大治宫觀臺苑屏榭
勢並皇居其所經構也役夫流唱必曰睢陽創傳

曰此始也城西門即冦先鼓琴處也先好釣居睢水傍宋景公問道不告殺之後十年止此門鼓琴而去宋人家家奉事之南門曰盧門也春秋華氏居盧門里叛杜預曰盧門宋城南門也司馬彪郡國志曰睢陽縣有盧門亭城内有高臺甚秀廣巍然介立超焉獨上謂之蠡臺亦曰升臺焉當昔全盛之時故與霞競遠矣續述征記曰迴道似蠡故謂之蠡臺非也余按闕子稱宋景公使工人爲弓九年乃成公曰何其遲也對曰臣不復見君矣臣之精盡於弓矣獻弓而歸三日而死景公登虎圈之臺援弓東面而射之矢踰于西霜之山集于彭城之東餘勢逸勁猶飲羽于石梁然則蠡臺即是

虎圈臺也蓋宋世牢虎所在矣晉太和中大司馬桓温入河命豫州刺史袁真開石門鮮甲堅戍此臺真頓甲堅城之下不果而還蠡南如西又有一臺俗謂之女郎臺臺之西北城中有涼馬臺臺東有曲池池北列兩釣臺水周六七百步蠡臺直東又有一臺世謂之雀臺也城内東西道北有晉梁王妃王氏陵表並列二碑碑云妃諱粲字女儀東萊曲城人也齊北海府君之孫司空東武景侯之季女咸熙元年嬪于司馬氏泰始二年妃于國太康五年薨營陵于新蒙之太康九年立碑東即梁王之吹臺也基陛階礎尚在今建追明寺故宮東即安梁之舊地也齊周五六百步水列釣臺池東

又有一臺世謂之清泠臺北城憑隅又結一池臺晉灼曰或說平臺在城中東北角亦或言兎園在平臺側如淳曰平臺離宮所在今城東二十里有臺寬廣而不甚極高俗謂之平臺余按漢書梁孝王傳稱王以功親爲大國築東苑方三百里廣睢陽城七十里大治宮室爲複道自宮連屬於平臺三十餘里複道自宮東出楊州之門左陽門即睢陽東門也連屬於平臺則近矣屬之城隅則不能是知平臺不在城中也梁王與鄒枚司馬相如之徒極遊於其上故齊隨郡王山居序所謂西園多士平臺盛賓鄒馬之客咸在伐木之歌屢陳是用追芳昔娛神遊千古故亦一時之盛事謝氏賦雪

亦曰梁王不悅遊於兎園今也歌堂淪宇律管埋音孤墓塊立無復曩日之望矣城北五六里便得漢太尉橋玄墓冢東有廟即曹氏孟德親酹處操本微素嘗候於玄玄曰天下將亂能安之者其在君乎操感知己矣逕玄墓祭云操以頑質見納君子士死知己懷此無忘又承約言徂没之後路有經由不以斗酒隻雞過相沃酹車過三步腹痛勿怨雖臨時戲言非至親篤好胡肯爲此辭哉悽愴致祭以申宿懷冢列數碑一是漢朝群儒英才哲士感橋氏德行之美乃共刊石立碑以示後世一碑是故吏司徒博陵崔烈廷尉河南吴整等以爲至德在己揚之由人苟不驕述夫何舍焉乃共勒

嘉石昭明芳烈一碑是隴西枹罕北次陌碭守長
騭爲左尉漢陽獂道趙馮孝高以喬公嘗牧涼州
感三綱之義慕將順之節以爲公之勳美宜宣舊
邦乃樹碑頌以昭令德光和元年主記掾李友字
仲遼作碑文碑陰有石鼎文建寧三年拜司空又
有中鼎文建寧四年拜司徒又有左鼎文光和元
年拜太尉鼎名文曰故臣門人相與述公之行咨
度體則文德銘于三鼎武功勒于征鉞書于碑陰
以昭光懿又有鉞文稱是用鏤石假象作茲征鉞
軍鼓陳之于東階亦以昭公之文武之勳焉廟南
列二石柱柱東有二石羊羊北有二石虎廟前東
北有石駝駝西北有二石馬皆高大亦不甚雕毀

惟廟頹構粗傳遺墉石鼓仍存鉞今不知所在睢
水於城之陽積而爲逢洪陂陂之西南有陂又東
合明水水上承城南大池池周千步南流會睢謂
之明水絕睢注渙睢水又東南流歷于竹圃水次
綠竹蔭渚菁菁實望世人言梁王竹園也睢水又
東逕穀熟縣故城北睢水又東蘄水出焉睢水又
東逕粟縣故城北地理志曰侯國也王莽曰成富
睢水又東逕大丘縣故城北地理志曰故敬丘也
漢武帝元朔三年封魯恭王子節侯劉政侯國漢
明帝更從今名列仙傳曰仙人文賓邑人賣鞾履
爲業矣睢水又東逕芒縣故城北漢高帝六年封
耏跖爲侯國王莽之傳治世祖改曰臨睢城西二

里水南有豫州從事皇毓碑殞身州牧陰君之罪時年二十五臨睢長平與李君二千石承輪氏夏文則高其行而悼其殞州國咨嗟旌閭表墓昭叙令德式示後人城内有臨睢長左馮翊王君碑善有治功累遷廣漢屬國都尉吏民思德縣人公府掾陳盛孫郎中兒定興劉伯鄘等共立石表政以刊遠績縣北與碭縣分水有碭山芒碭縣之間山澤深固多懷神智有仙者涓子注主並隱碭山得道漢高祖隱之呂后望氣知之即於是處也京房易候曰何以知賢人隱師曰視四方常有大雲五色具而不雨其下賢人隱矣

又東過相縣南屈從城北東流當蕭縣南入于睢

相縣故宋地也秦始皇二十三年以爲泗水郡漢高帝四年改曰沛郡治此漢武帝元狩六年封南越桂林監居翁爲侯國曰湘成也王莽更名之吾符縣曰吾符高亭睢水東逕石馬亭亭西有漢故伏波將軍馬援墓睢水又東逕相縣故城南宋恭公之所都也國府園中猶有伯姬黄堂基堂夜被火左右曰夫人少避伯姬曰婦人之義保傅不具夜不下堂遂遇火而死斯堂即伯姬憤死處也城西有伯姬冢昔鄭渾爲沛郡太守於蕭相二縣興陂堰民賴其利刻石頌之號曰鄭陂睢水又左合白瀆水水上承梧桐陂陂側有梧桐山陂水西南流逕相城東而南流注于睢睢盛則北流入于陂

陂溢則西北注于睢出入迴環更相通注故經有
入睢之文睢水又東逕彭城郡之靈壁東東南流
漢書項羽敗漢王于靈壁東即此處也又云東逼
穀泗服虔曰水名也在沛國相界又詳睢水逕穀
熟兩分而睢水爲蘄水故二水所在枝分通爲兼
稱穀水之名蓋因地變然則穀水即睢水也又云
漢軍之敗也睢水爲之不流睢水又東南逕竹縣
故城南地理志曰王莽之篤亭也李奇曰今竹邑
縣也睢水又東與滭湖水合水上承甾丘縣之滭
陂南北百餘里東西四十里東至朝解亭西届彭
城甾丘縣之故城東王莽更名之曰善丘矣其水
自陂南系于睢水水又東南八丈故溝注之水上

承蘄水而北會睢水又東逕符離縣故城北漢武
帝元光四年封路博德爲侯國王莽之符合也睢
水東逕臨淮郡之取慮故城北昔汝南步遊張少
失其母及縣令遇母於此乃使良馬踟蹰輕軒罔
進顧訪病嫗乃其母也誠願宿憑而冥感昭徵矣
睢水又東右烏慈水水出縣西南烏慈渚潭漲東
北流與長直故瀆合溝舊上承蘄水北流八十五
里注烏慈水烏慈水又東取慮縣南又東屈逕其
城東而北流注于睢睢水又東逕睢陵縣故城北
漢武帝元朔元年封江都易王子劉楚爲侯國王
莽之睢陵也睢水又東與潼水故瀆會舊上承潼
縣西南潼陂東北流逕潼縣故城北又東北逕睢

陵縣下會睢睢水又東南流逕下相縣故城南高
祖十三年封莊侯泠耳爲侯國應劭曰下相水出
沛國相縣故此加下也然則下相又是睢水之別
名也東南流入于泗謂之睢口經止蕭縣非也所
謂得其一而亡其二矣

瓠子河出東郡濮陽縣北河

縣北十里即瓠河口也尚書禹貢雷夏既澤雝沮
會同爾雅曰水自河出爲雝許愼曰雝者河雝水
也暨漢元光之年河水南泆漂害民居武帝元封
二年上使汲仁郭昌發卒數萬人塞瓠子決河於
是上自萬里沙還臨決河沉白馬玉璧令群臣將
軍以下皆負薪填決河上悼功之不成乃作歌曰

瓠子決兮將柰何彌爲河兮地不寧功無巳時兮
吾山平吾山平兮巨野溢魚佛鬱兮栢冬日正道
弛兮離常流蛟龍騁兮放遠遊歸舊川兮神哉沛
不封禪兮安知外皇謂河公兮何不仁泛濫不止
兮愁苦人齧桑浮兮淮泗滿久不反兮水唯緩一
日河湯湯兮激潺湲北渡迴兮迅流難搴長旌兮
湛美玉隤林竹兮揵石菑宣防塞兮萬福來於是
卒塞瓠子口築宮於其上名曰宣房宮水亦謂瓠
子堰爲宣房堰而水亦以瓠子受名焉平帝巳後
未及修理河水東浸日月彌廣永平十二年顯宗
詔樂浪人王景治渠築堤起自滎陽東至千乘一
千餘里景乃防遏衝要踈決壅積瓠子之水絕而

不通唯溝瀆存焉河水舊東河逕濮陽城東北故衛也帝顓頊之墟昔顓頊自窮桑徙此號曰商丘或謂之帝丘本陶唐氏火正閼伯之所居亦夏伯昆吾之都殷之相又都之故春秋傳曰閼伯居商丘相土因之是也衛成公自楚丘遷此秦始皇徙衛君角於野王置東郡治濮陽縣濮水逕其南故曰濮陽也沛公守濮陽環之以水張晏曰依河水自固春秋僖公十三年夏會于鹹杜預曰東郡濮陽縣東有咸城者也是瓠子故瀆又東逕桃城南春秋傳曰分曹地自洮盡曹地也今甄城西南五十里有桃城或謂之洮也瓠瀆又東南逕清丘北春秋宣公十二年經書楚滅蕭晉人宋衛曹同盟于清丘京相璠曰在今東郡濮陽縣東南三十里

魏都尉治

東至濟陰句縣爲新溝

瓠河故瀆又東逕句陽之小成陽城北城北側瀆帝王世紀曰堯葬濟陰成陽西北四十里是爲穀墨子以爲堯堂高三尺土階三等北教八狄道死葬蛩山之陰山海經曰堯葬狄山之陽一名崇山二說各殊以爲成陽近是堯冢也余按小成陽在成陽西北半里許實中俗喭以爲囚堯城士安蓋以是爲堯冢也瓠子北有都關縣故城縣有羊里亭瓠河逕其南爲羊里水蓋資城地而變名由經有新溝之異稱矣黃初中賈逵爲豫州刺史與諸

將征吳於洞浦有功魏封逵爲羊里亭侯邑四百戶即斯亭也俗名之羊子城非也蓋韻近字轉耳又東石會濮水之津水上承濮渠東逕鉏丘城南京相璠曰今濮陽城西南十五里沮丘城六國時沮楚同以爲楚丘非也又東逕浚城南而北去濮陽三十五里城側有寒泉岡即詩所謂爰有寒泉在浚之下世謂之高平渠非也京相璠曰濮水故道在濮陽南者也又東逕句陽縣西句瀆出焉濮水枝渠又東北逕句陽縣之小成陽縣故東垂亭西而北入瓠河地理志曰濮水首受泲於封丘縣東北至都關入羊里水者也又按地理志山陽郡有都關縣今其城在廩丘城西考地志山陽廩丘

俱屬濟陰則都關無隸山陽理又按地理志郕都亦是山陽之屬縣矣而東杜考地驗城又並言在廩丘城南推此而論似地志之悞矣或亦疆理參差所未詳瓠瀆又東垂亭北春秋隱公八年宋公衛侯遇于大丘經書垂也京相璠曰今濟陰句陽縣小城陽東五里有故垂亭者也

又東北過廩丘縣爲濮水

瓠河又左逕雷澤北其澤藪在大城陽縣故城西北一十餘里昔華胥履大跡處也其陂東西二十餘里南北一十五里即舜所漁也澤之東南即成陽縣故史記曰武王封弟季載於成應劭曰其後乃遷于成之陽故曰成陽也地理志曰成陽有堯

冢靈臺今成陽城西二里有堯陵陵南一里有堯
母慶都陵於城爲西南稱曰靈都鄉曰崇仁邑號
脩義皆立廟四周列水潭而不流水澤通泉泉不
耗竭至豐魚筍不敢採捕前並列數碑栝栢數株
檀馬成林二陵南北列馳道逕通皆以塼砌之尚
修整堯陵東城西五十餘步中山夫人祠堯妃也
石壁階墀仍舊南西北三面長櫟聯蔭扶踈里餘
中山夫人祠南有仲山甫冢冢西有石廟羊虎傾
低破碎略盡於城爲西南在靈臺之東北按郭緣
生述征記自漢迄晉二千石及丞尉多刊石述叙
堯即位至永嘉三年二千七百二十有一載記于
堯妃見漢建寧四年五月成陽令管遵所立碑文

云堯陵北山甫墓南二冢間伍員祠晉大安中立
一碑是永興中建今碑祠並無處所又言堯陵在
城南九里中山夫人祠在城南二里東南六里堯
母慶都冢堯陵北二里有仲山甫墓考地驗狀咸
爲疎僻蓋聞疑書疑耳雷澤西南十許里有小山
孤立嶮上停停嶕峙謂之歷山山北有小阜南屬
池澤之東北有陶墟緣生言舜耕陶所在墟阜聯
屬瀆帶瓠河也鄭玄曰歷山在河東今有舜井皇
甫謐或言今濟陰歷山是也與雷澤相比余謂鄭
玄之言爲然故楊雄河東賦曰登歷觀而遥望兮
聊浮游於河之巖今雷首山西枕大河校之圖緯
於事爲允士安又云定陶西南陶丘舜也不言在

此緣生爲失瓠河之北即廩丘縣也王隱晉書地道記曰廩丘者春秋之所謂齊邑矣實表東海者也竹書紀年晉烈公十一年田悼子卒田布殺其大夫公孫公孫以廩丘叛于趙田布圍廩丘翟角趙孔屑韓師救廩丘及田布戰于龍澤田師敗逋是也瓠河與濮水俱東經所謂過廩丘爲濮水者也縣南瓠北有羊角城春秋傳曰取晉羊角遂襲我高魚有大雨自竇入介其庫登其城尅而取之者也京相璠曰衛邑也今東郡廩丘縣南有羊角城今魯邑也今廩丘東北有故高魚城俗謂之交魚城謂羊角爲角逐城皆非也瓠河又逕陽晉城南史記蘇秦說齊曰過衛陽晉之道徑于亢父之嶮者也今陽晉城在廩丘城東南一十餘里與都關爲左右也張儀曰秦下甲攻衛陽晉大關天下之匈徐廣史記音義云關一作開東之亢父則其道矣瓠河之北又有郕都城春秋隱公三年郕侵衛京相璠曰東都廩丘縣南三十里有故郕都地理志曰山陽鄉也褚先生曰漢封金安上爲侯國王莽更名之曰城穀者也瓠河又東逕黎縣故城南王莽改曰黎治矣孟康曰今黎陽也薛瓚言按黎陽在魏郡非此黎陽也世謂黎侯城昔黎侯陽寓于衛詩所謂胡爲乎泥中毛云泥中邑名疑此城也上地汙下城居小阜魏濮陽郡治也瓠河又東逕秺縣故城南地理志曰濟陰之屬縣也褚先

生曰漢武帝封金日磾爲侯國王莽之萬歲矣世
猶謂之爲萬歲亭也瓠河又東逕鄆城南春秋左
傳成公十六年公自沙隨還侍于鄆京相璠曰公
羊作運字今東都廩丘縣東八十里有故運城即
此城也
又北過東郡范縣東北爲濟渠與將渠合
瓠河自運城東北逕范縣與濟濮枝渠合故渠上
承濟瀆於乘氏縣北逕范縣左納瓠瀆故經有濟
渠之稱又北與將渠受河於范縣西北東南逕秦
亭南杜預釋地東下范縣西北有秦亭也又東南
逕范縣故城南王莽更名建陸也漢興平中靳允
爲范令曹太祖東征陶謙於徐州張邈迎呂布郡

縣響應程昱說允曰君必固范我守東阿田單之
功可立即斯邑也將渠又東會濟渠自下通謂之
將渠北逕范城東俗又謂之趙溝非也
又東北過東阿縣東
瓠河故瀆又東北左合將渠枝瀆上承將渠於范
縣東北逕范縣北又東北逕東北城南而東入瓠
河故瀆又北逕東阿縣故城東春秋經書冬及齊
侯盟于柯左傳曰冬盟于柯始及齊平杜預曰東
阿即柯邑也按國語曹沫挾七首劫齊桓公返遂
邑於此矣
又東北過臨邑縣西又東北過茌平縣東爲鄧里渠
自宣防已下將渠已上無復有水將渠下水首受

河自北爲鄧里渠

又東北過祝阿縣爲濟渠

河水自泗口出爲濟水濟水二瀆合而東注于祝阿也

又東北至梁鄒縣西分爲二

脉水尋梁鄒濟無二流蓋經之誤

其東北者爲濟河其東者爲時水又東北至濟西濟河東北入于海時水東至臨淄縣西屈南過太山華縣東又南至費縣東入于沂

時即耏水也音而春秋襄公三年齊晉盟于耏者也京相璠曰今臨淄唯有澅水西北入沛即地理志曰如水矣耏如聲相似然則澅水即耏水也蓋

以澅與時合得通稱矣時水自西安城西南分爲二水枝津别出西流德會水注之水昌國縣黃山西北流逕昌國縣故城南昔樂毅攻齊有功燕昭王以是縣封之爲昌國君德會水又西北五里泉水注之水出縣南黃阜北流逕城西北入德會又西北世謂之滄浪溝又北流注時水地理志曰德會水出昌國西北至西安入洳是也時水又西逕東高苑城中而西注也俗人遏令側城南注又屈其城南史記漢文帝十五年分齊爲膠西上國都高邑徐廣音義曰樂安有高苑城故俗謂之東苑也其水又北注故瀆又西蓋野溝水注之源導延鄉城東北平地出泉西北逕延鄉城北地理志曰

千乘有延鄉縣世人謂故城爲從城延從字相似
讀隨字改所未詳也西北流世謂之蓋野溝又西
北流逕高苑縣北注時水時水又西逕西高苑縣
故城南漢高帝六年封丙猜爲侯國王莽之常鄉
也其水側城西注京相璠曰今樂安博昌縣南界
有時水西通濟其上源出盤陽北至高苑下有死
時中無水杜預亦云時水於樂安枝流旱則竭涸
爲春秋之乾時也左傳莊公九年齊魯戰地魯師
敗處也時水西北至梁鄒城入于沛沛入時蓋
時來注沛若沛分東流明不得以時爲名尋時沛
更無別流南延華費之所斯爲謬矣

汶水出太山萊蕪縣原山西南過嬴縣南

萊蕪縣在齊城西南原山又在縣西南六十許里
地理志汶水與淄水俱出原山西南入沛故不得
過其縣南也從征記曰汶水出縣西南流又言自
入萊蕪谷夾路連山百數里水隍多行石澗中出
草藥饒松栢林藿綿濛崖壁相望或傾岑阻徑或
迴巖絕谷清風鳴條山壑俱響凌高降深兼惴慄
之懼危溪徑過懸度之艱未出谷十餘里有別谷
在孤山谷有清泉泉上數丈有石穴二口容人行
入穴丈餘高九尺許廣四五丈言是昔人居山之
處薪爨煙墨猶存谷中林木緻密行人尠有能至
矣又有少許山田引灌之蹤尚存出谷有平丘面
山傍水土人悉以種麥云此丘不宜殖稷黍而宜

麥齊人相承以殖之意謂麥丘所栖愚公谷也何其深沈幽翳可以託業怡生如此也余時逕爲之踟躕爲之屢眷矣余按麥丘愚公在齊川谷猶傳其名不在魯蓋誌者之謬耳汶水又西南逕嬴縣故城南春秋左傳桓公三年云會齊侯于嬴博婚于齊也

又東南過奉高縣北

奉高縣漢武帝元封元年立以奉太山郡治也縣北有吳季札子墓在汶水南曲中季札之聘上國也喪子於嬴博之間卽此處也從征記曰嬴縣西六十里有季札兒冢冢圓其高可隱也前有石銘一所漢末奉高令所立無所述敘標誌而已自昔

恒鐍民戶灑掃之今不能然碑石糜碎靡有遺矣唯趺存焉

屈從縣西南流

汶出牟縣故城西南阜下俗謂之胡盧堆淮南子曰汶出弗其高誘曰山名也或斯阜也牟縣故城在東北古牟國也春秋時牟人朝魯故應劭曰魯附庸也俗謂是水爲牟汶也又西南逕奉高縣故城而西南流注于汶汶水又南右合北汶水出分水溪源與中川分水東南流逕太山東右天門下溪水水出太山天門下谷東流古者帝王升封咸憩此水水上往往有石竅存焉蓋古設舍所跨處也馬第伯書云光武封太山第伯從登山去平地

二十里南向極望無不覩其爲高也如視浮雲其
峻石壁窅條仰視巖石松樹鬱鬱蒼蒼如在雲中
俯視溪谷碌碌不可丈尺直上七十里天門仰視
天門如從穴中視天矣應劭漢官儀云太山東南
山頂名曰日觀者雞一鳴時見日始欲出長三丈
許故以名焉其水自溪而東濬波注壑東南流龜
陰之龜田山在博縣北一十五里昔夫子傷政道
之陵遲故望山而懷操故琴操有龜山操焉山北
卽龜陰之田也春秋定公十年齊人來歸龜陰之
田是也又合環水水出太山南溪南流歷中階兩
廟間從征記曰太山有下中上三廟牆闕嚴整廟
中栢樹夾兩階大二十餘圍蓋漢武所植也赤眉

嘗斫一樹見血而止今斧創猶存門閣三重樓榭
四所三層壇一所高丈餘廣八丈樹前有大井極
香冷異於凡水不知何代所掘不嘗浚渫而水旱
不減庫中有漢時故樂器及神車木偶皆靡密巧
麗又有石勒建武十三年永貴侯張余上金馬一
匹高二尺餘形制甚精中廟去下廟五里屋宇又
崇麗於下廟廟東西夾澗上廟在山頂卽封禪處
也其水又屈而東流入于汶水又東南流逕南明
堂下漢武帝元封元年封太山降坐明堂於山之
東北阯武帝以古處嶮狹而不顯也欲治明堂於
奉高傍而未曉其制濟南人公玉帶上黃帝時明
堂圖圖中有一殿四面無壁以茅蓋之通水圜宮

垣爲複道上有樓從西南入名曰崑崙天子從之入以拜祀上帝焉於是上令奉高作明堂於汶水如帶圖也古引水爲壁雍處基瀆存焉世謂此水爲石汶山海經曰環水出泰山東流注于江即此水也環水又左入于汶水汶水又西南流逕徂徠山西山多松栢詩所謂徂徠之松也廣雅曰道梓松也抱朴子稱玉策記曰千歲之松中有物或如青牛或如青犬或如人皆壽萬歲又稱天陵有偃蓋之松也所謂樓松也魯連子曰松樅高千仞而無枝非憂正實之無柱也爾雅曰松葉栢身曰樅鄒山記曰徂徠山在梁甫奉高傳三縣界猶有美松亦曰尤崍之山也赤眉渠帥樊崇所堡也故崇

自號尤來三老矣山東巢父廟山高十里山上有陂水方百許步三道流注一水東北沿溪而下屈逕縣南西北流入于一水北流歷澗西流入于汶一水南流逕陽關亭南春秋襄公十七年逆臧紇自陽關者也又西流入于汶水也

過博縣西北

汶水南逕博縣故城東春秋哀公十一年會吳伐博者也灌嬰破田横於城下屈從其城南西流不在西北也汶水又西南逕龍鄉故城南春秋成公二年齊侯圍龍龍囚頃公嬖人盧蒲就殺而膊諸城上齊侯親鼓取龍者也漢高帝八年封謁者陳署爲侯國汶水又西南逕亭亭山東黄帝所禪也

山有神廟水上有石門舊分水下溉處也汶水又
西南逕陽關故城西本有平縣之陽關亭矣春秋
襄公十七年逆臧紇自陽關者也陽虛居之以叛
伐之虎焚萊門而奔齊者也汶水又南左會淄水
水出太山巢父縣東西南流逕兎裘城北春秋隱
公十一年營之公謂羽父曰吾將歸老焉故郡國
志曰梁父有兎裘聚淄水又逕梁父縣故城南縣
北有梁父山開山圖曰太山在左亢父在右亢父
知生梁甫主死王者封太山禪梁甫故縣取名焉
淄水又西南柴縣故城北地理志曰太山之屬縣
也世謂之柴汶矣淄水又逕郕北漢高帝六年封
董渫爲侯國春秋齊師圍郕郕人伐齊飲馬於斯

水也昔孔子行於郕之野遇榮啓期於是衣鹿裘
被髮琴歌三樂之懽夫子善其能寛矣淄水又西
逕陽關城南西流注于汶水水又南逕巨平縣故
城東而西南流城東有魯道詩所謂魯道有蕩齊
子由歸者也今汶上夾水有文姜臺汶水又西南
流詩云汶水滔滔矣淮南子曰貉渡汶則死天地
之性倚伏難尋固不可以情理窮也汶水又西南
逕魯國汶陽縣北王莽之汶亭也縣北有曲水池
亭春秋桓公十二年經書公會杞侯莒子于曲池
左傳曰平杞莒也故杜預曰魯國汶陽縣北有曲
水亭漢章帝元和三年東巡太山立行宫於汶陽
執金吾耿恭恭屯城門於汶上基塹存焉世謂之

關陵城也汶水又西逕汶陽縣故城北而注
又西南過蛇丘縣南
波水又西洗水出焉又西逕蛇丘縣南縣治鑄鄉
故城春秋左傳宣叔娶于鑄是也杜預曰濟北蛇
丘縣所治鑄鄉城者也
又西南過岡縣北
地理志鄉故闡也王莽更之曰柔也應劭曰春秋
經書齊人取讙及闡亭是也杜預春秋釋地曰闡
在岡縣北岡城東有一小亭今岡縣治俗人又謂
之闞亭京相璠曰岡縣西四十里有闡亭未知孰
是汶水又西蛇水注之水出縣東北太山西南流
逕汶陽之田齊所侵也自汶之北平暢極目僖公

以賜季友蛇水又西南逕鑄城西左傳所謂蛇淵
囿也故京相璠曰今濟北有蛇丘城城下有水魯
囿也俗謂之濁須水非矣蛇水又西南逕夏暉城
南經書公會齊侯于下讙是也今俗謂之夏暉城
蓋春秋左傳桓公三年公子翬如齊齊侯送姜氏
于下讙非禮是也世有夏暉之名矣蛇水又西南
入汶汶水又西溝水注之水出東北馬山西南流
逕棘亭南春秋成公三年經書秋叔孫僑如帥師
圍棘左傳曰取汶陽之田棘不服圍之南去汶水
八十里又西南逕遂城東地理志曰蛇丘遂鄉故
遂國也春秋莊公十三年齊滅遂而戍之者也京
相璠曰遂在蛇丘東北十里杜預亦以爲然然縣

東北無城以擬之今城在蛇丘西北蓋杜預傳疑之非也又西逕下讙城西而入汶水汶水又西逕春亭北考古無春名唯平陸縣有崇陽亭然是東去岡城四十里進璠所注則符並所未詳也

又西南過平章縣南

地理志曰東平國故梁也景帝中和六年別爲濟東國武帝元鼎元年爲大河郡宣帝甘露二年爲東平國王莽有鹽城章縣按世本任姓之國也齊人降章者也故在無鹽城東北五十里汶水又西南有泌水注之水出肥縣東北自源西南流逕肥城縣故城南樂正子春謂其弟子曰子適齊過肥肥有君子焉左逕句窳亭北章帝元和二年鳳凰

集肥城句窳亭後其祖而巡太山即是亭也泌水又西南逕富城縣故城西王莽之城富也其水又西南流注于汶水又西南逕桃鄉縣故城西王莽之鄣亭也世以此爲鄣城非蓋因巨新之故目耳

又西南過無鹽縣南又西南過壽張縣北又西南至安民亭入于濟

汶水自桃鄉四分當其派別之處謂之四汶口其左二水雙流西南至無鹽縣之郈鄉城南魯叔孫昭伯之故邑也禍及鬪雞矣春秋左傳定公十二年叔孫氏墮郈今其城無南面汶水又西南逕其平陸縣故城北應劭曰古厥也今有厥亭汶水又

鹽城東北五里阜山下西逕無鹽縣故城北水側有東平憲王倉冢碑闕存焉元和三年章帝幸東平祀以太牢親拜祠坐賜御劒於陵前其水又西流注長直溝溝水奇分爲二一水西逕須昌城南入浦一水南流注于汶汶水又西流入浦故淮南子曰汶出弗其西流合浦高誘云弗其山名在朱虛縣東余按誘說是乃東汶非經所謂入沛者也蓋其誤證耳

水經卷第二十四

水經卷第二十五

漢桑欽撰　後魏酈道元注

泗水　沂水

泗水出魯卞縣北山

地理志曰出濟陰乘氏縣又云出卞縣北經言北山皆爲非矣山海經曰泗水出魯東北余昔因公事沿歷徐沇路逕洙泗因令尋其源流水出卞縣故城東南桃墟西北春秋昭公七年謝息納季孫之言以孟氏成邑與晉而遷于桃杜預曰魯國卞縣東南有桃虛世謂之曰陶墟舜所處也井曰舜井皆爲非也虛有澤澤方一十五里淥水澂渟三丈如減澤西際阜俗謂之嬀亭山蓋有陶墟舜井

之言因復有嬀亭之名矣阜則有三石穴廣圓三四尺穴有通冗水有盈漏數夕之中則傾陂竭澤矣左右民居識其將漏預以木爲曲狀約郭穴口魚鼈暴鱗不可勝載矣自此連岡通阜西北四十許里岡之西際便得泗水之源也博物志曰泗出陪尾蓋斯阜者矣石穴吐水五泉俱導泉穴各徑尺餘水源南側有一廟枯栢成林時人謂之原泉祠非所究也泗水西逕其縣故城南春秋襄公二十九年季武子取卞曰聞守卞者將叛臣率徒以討之是也南有姑蔑城春秋隱公元年公及邾儀父盟于蔑者也水出二邑之間西逕郚城北春秋文公七年經書公伐邾三月甲戌取須句遂城郚

杜預曰魯邑也卞縣南有郚城備邾難也泗水自卞而會於洙水也

西南逕魯縣北

泗水又西南流逕魯縣分爲二流水側有一城爲二水之分會也北爲洙瀆春秋莊公九年經書冬浚洙京相璠曰杜預並言洙水在魯城北浚深之爲齊備也南則泗水夫子教於洙泗之間今於城北二水之中即夫子領徒之所也從征記曰洙泗二水交於魯城東北十七里闕里背洙泗牆南北一百二十步東西六十步四門各有石閫北門去洙水百步餘後漢初闕里荆棘自闢從講堂至九里鮑永爲相因修饗祠以誅魯賊彭豐等郭緣生言泗水在城南非也余按國語宣公夏濫於泗淵里革斷罟棄之韋昭云泗在魯城北史記冢記王隱地道記咸言葬孔子於魯城北泗水上今泗水南有夫子冢春秋孔演圖曰鳥化爲書孔子奉以告天赤爵銜書上化爲黃玉刻曰孔提命作應法爲赤制說題辭曰孔子卒以所受黃玉葬魯城北卽子貢廬墓處也譙周云孔子死後魯人就冢次而居者百有餘家命曰孔里孔藂曰夫子墓塋方一里在魯城北六里泗水上諸孔丘封五十餘所人名昭穆不可復識有銘碑三所獸碣具存皇覽曰弟子各以四方奇木來殖故多諸異樹不生棘木刺草今則無復遺條矣泗水自城北南逕魯城

西南合沂水沂水出魯城東南尼丘山西北山即
顏母所祈而生孔子也山東一十里有顏母廟山
南數里孔子父葬處禮所謂防墓崩者也平地發
泉流逕魯縣故城南水北東門外即爰居所止處
也國語曰海鳥曰爰居止於魯城東門之外三日
臧文仲祭之展禽譏焉故莊子曰海鳥止郊魯侯
觴之奏以廣樂具以太牢三日而死此養非所養
矣門郭之外亦戎夷死處呂氏春秋曰昔戎夷違
齊如魯天大寒而後門與弟子宿於郭門外寒愈
甚謂弟子曰子與我衣我活我與子衣子活我國
士也爲天子惜子不肖人不足愛弟子曰不肖人
惡能與國士并衣哉戎歎曰不濟夫解衣與弟子

半夜而死沂水北對稷門昔圉人犖有力能投蓋
于此門服虔曰能投千鈞之重過門之上也杜預
謂走接屋之桷反覆門上也春秋僖公二十年經
書春新作南門左傳曰書不時也杜預曰本名稷
門僖公更高大之今猶不與諸門同故名高門也
其遺基猶在地八丈餘矣亦曰雩門春秋左傳莊
公十年公子偃請擊宋師竊從雩門蒙皐比而出
者也門南隔水有雩壇壇高三丈曾點所欲風舞
處也高門一里餘道西有道兒君碑是魯相陳君
立昔曾參居此梟不入郭縣即曲阜之地少昊之
墟有大庭氏之庫春秋竪牛之所攻也故劉公幹
魯都賦曰戢武器於有炎之庫放戎馬於巨野之

垌周成王封姬旦於曲阜曰魯秦始皇二十三年以爲薛郡漢高后元年爲魯國阜上有季氏宅宅有武子臺今雖崩夷猶高數丈臺西百步有大井廣三丈深十餘丈以石壘之石似磬制春秋宣公十二年公山不狃帥費攻魯公入季氏之宮登武子之臺也臺之西北二里有周公臺高五丈周五十步臺南四里許則孔廟即夫子之故宅也宅大一頃所居之堂後世以爲廟漢高祖十二年過魯以大牢祀孔子自秦燒詩書經典淪缺漢武帝時魯恭王壞孔子舊宅得尚書春秋論語孝經時人已不復知有古文謂之科斗書漢書秘之希有見者于時聞堂上有金石絲竹之音乃不壞矣廟屋三間夫子在西門東向徵母在中間南面隔東一間東向夫子牀前有石硯一枚作甚朴云平生時物也魯人藏孔子所乘車於廟中是顏路所請者也獻帝時廟遇火燒之永平中鍾離意爲魯相到官出私錢萬三千文付戶曹孔訢治夫子車身入廟拭几席劍履男子張伯除堂下草土中得玉璧七枚伯懷其一以六枚白意意令主簿安置几前孔子授堂牀首有懸甕意召孔訢問何等甕也對曰夫子甕也背有丹書人勿敢發也意曰夫子聖人所以遺甕欲以懸示後賢耳發之中得素書文曰後世修吾書董仲舒護吾車拭吾履發吾笥會稽鍾離意璧有七張伯藏其一意即召問伯

果服焉魏黃初二年文帝令郡國修起孔子舊廟置百石吏卒廟有夫子像列二弟子執卷立侍穆穆有詢仰之容漢魏以來廟列七碑二碑無字栝栢猶茂廟之西北二里有顏母廟廟像猶嚴有修栝五株孔廟東南五百步有雙石闕即靈光之南闕北百餘步即靈光殿基東西二十四丈南北十二丈高丈餘東西廊廡別舍中間方七百餘步闕之東北有浴池方四十許步池中有釣臺方十步池臺悉石也遺基尚整故王延壽賦曰周行數里仰不見日者也是漢景帝程姬子魯恭王之所造也殿之東南即泮宮也在高門直北道西宮中有臺高八十尺臺南水東西一百步南北六十步臺

西水南北四百步東西六十步臺池咸結石爲之詩所謂思樂泮水也沂水又西逕圓丘北丘高四丈餘沂水又西流昔韓雉射龍於斯水之上尸子曰韓雉見申羊於魯有龍飲於沂韓雉曰吾聞也出見虎搏之見龍射之今弗射是不得行吾聞也遂射之沂水又西右注泗水者也

又西過瑕丘縣東屈從縣東南流漷水從東來注之

瑕丘魯邑春秋之負瑕矣襄公七年季康子伐邾因諸負瑕是也應劭曰瑕丘在縣西南昔衛大夫公叔文子升於瑕丘蘧伯玉從文子曰樂哉斯丘死則我欲葬焉伯玉曰吾子樂之則瑗請前刺其欲害民良田也瑕丘之名蓋因斯以表稱矣曾子

弔諸負夏鄭玄臯用謚並言衛地魯衞雖殊土則一也漷水出東海合鄉縣漢和帝永寧九年封馬光子復爲侯國其水西南流入邾春秋襄公二年季孫斯伐邾取漷東田及沂西田是也漷水又逕魯國鄒山東南而西南流春秋左傳所謂嶧山也邾文公之所遷今城鄒山之陽依巖岨以墉固故邾婁之國曹姓也叔梁紇之邑也孔子生於此後乃縣之因鄒山之名以氏縣也王莽之鄒亭矣京相璠曰地理志嶧山在鄒縣北繹邑之所依爲名也山東西二十里高秀獨出積石相臨殆無土壤石間多孔穴洞達相通往往有如數間屋處其俗謂之嶧孔遭亂輒將家人入嶧外寇雖衆無所施害永嘉中太尉郗鑒將鄉曲逃此山胡賊攻守不能得今山南有大嶧名曰郗公嶧山北有絶巖秦始皇觀禮於魯登於嶧山之上命丞相李斯以大篆勒銘山嶺名曰晝門詩所謂保有鳧嶧者也漷水又西南逕蕃縣故城南又西逕薛縣故城北地理志曰夏車正奚仲之國也竹書紀年梁惠成王三十一年邳遷于薛改名徐州城南山上有奚仲冢晉太康地記曰奚仲冢在城南二十五里山上百姓謂之神靈也齊封田文於此號孟嘗君有惠喻今郭側猶有文冢結石爲郭作制嚴固瑩麗可尋行人往還莫不逕觀以爲異見矣漷水又西逕仲虺城北晉太康地記曰奚仲遷於邳仲虺居之

以爲湯左相其後當周爵稱侯後見侵削霸者所絀爲伯任姓也應劭曰邳存薛徐廣史記音義曰楚元王子郢以吕后三年封上邳侯也有下故此爲上矣晉書地道記曰仲虺城在薛城西三十里漷水又西逕至湖陸縣入于泗故京相璠曰薛縣漷水首受蕃縣西注山陽湖陸是也經言瑕丘東誤耳

又南過平陽縣西

縣即山陽郡之南平陽縣也竹書紀年曰梁惠成王二十九年齊田肦及宋人伐我東鄙圍平陽者也王莽改之曰黽平矣泗水又南逕故城西世謂之漆鄉應劭十三州記曰漆鄉邾邑也杜預曰平陽東北有漆鄉漷今見有故城西南方二里所未詳也

又南過高平縣西洸水從北西來流注之

泗水南逕高平山山東西十里南北五里高四里與衆山相連其山最高頂上方平故謂之高平山縣亦取名焉泗水又南逕高平縣故城西漢宣帝地節三年封丞相魏相爲侯國高帝八年封將軍陳錯爲橐侯地理志曰縣故山陽之橐也王莽改曰高平應劭曰章帝改按本志曰王莽更名章帝因之矣所謂洸水者洙水也蓋洸洙相入受通稱也

又南過方與縣東

漢哀帝建平四年縣女子田無嗇生子先未生二
月兒啼腹中及生不舉葬之陌上三日人過聞啼
聲母掘養之
荷水從西來注之
荷水即沛水之所苞注以成湖澤也而東與泗水
合於湖陵縣西六十里穀庭城下俗謂之黃水口
黃水西北通巨野澤蓋以黃水沿注于荷故因以
名焉
又屈東南過湖陸縣南涓涓水從東北來流注之
地理志曰故湖陸縣也荷水在南王莽更曰湖陸
應劭曰尚書一名湖陵章帝封東平王蒼子爲湖
陵侯更名胡陵也泗水又東逕郗鑒所築城北又

東逕湖陸東城南昔桓溫北入也范權擒慕容忠
於此城東有度尚碑泗水又左會南梁水地理志
曰水出蕃縣今縣之東北平澤出泉若輪焉發源
成川西南流分爲二水北水枝西出逕蕃縣北西
逕滕城北春秋左傳隱公十一年滕侯薛侯來朝
爭長薛侯曰我先封滕侯曰我周之卜正也薛庶
姓也我不可以後之公使羽父請薛侯曰君辱在
寡人周諺有之曰山有木工則度之賓有禮主則
擇之周之宗盟異姓爲後寡人若朝於薛不敢與
諸任齒君若辱貺寡人則願以滕君爲請薛侯許
之乃長滕侯者也漢高帝封夏侯嬰爲侯國號曰
滕公鄧晨曰今沛郡公丘也其水又漑於丘焉縣

故城在滕西北按地理志即滕也周懿王子錯叔繡文公所封也齊滅之秦以爲縣漢武帝元朔三年封魯恭王子劉順爲侯國世以此水溉我良田遂及百稀故有兩溝之名焉南梁水自枝渠西南逕魯國蕃縣故城東俗以南隣於漷亦謂之西漷水南梁水又屈逕城南應劭曰縣古小邾邑也地理志曰其水西流注于沛沛在湖陸西而左注泗泗沛合流故地記或言沛入泗泗亦言入沛互受通稱故有入沛之文闞駰十三州志曰西至湖陸入泗是也經無南梁之名而有涓涓之稱疑即是水也戴延之西征記亦言湖陸縣之東南有涓涓水亦無記於南梁謂是吳王所道之瀆也余按湖陸西南止自是水延之盖以國語云吳王夫差起師將北會黄池掘溝於商魯之間北屬之沂西屬于泲以是言故是水爲吳王所掘非也余以水路求之止自泗川耳盖北達沂西北逕於商魯而接於沛吳所浚廣耳非謂起自東北受沂西南注沛也假之有通非吳所趣年載誠眇人情厠近以今忖古知一延之之不通情理矣泗水又南漷水注之又逕薛之上邳城西而南注者也

又南過沛縣東

昔許由隱於沛澤即是縣也縣盖取澤爲名宋滅屬楚在泗水之濱於秦爲泗水郡治黄水注之黄水出小黄縣黄鄉黄溝國語曰吳子會諸侯於黄

池者也黃水東流逕外黃縣故城南張晏曰魏郡有內黃縣故加外也薛瓚曰縣有黃溝故縣氏焉圈稱陳留風俗傳曰縣南有渠水於春秋爲宋之曲棘里故宋之別都矣春秋昭公二十五年宋元公卒于曲棘是也宋華元居于稷里宣公十五年楚鄭圍宋晉解楊圍楚致命于此宋人懼使華元乘闉夜入楚師登子反之床曰寡君使元以病告弊邑易子而食析骨以爨城下之盟所不能也子反退一舍宋楚乃平今城東闉上猶有華元祠祠之不輟城北有華元冢黃溝自城南東逕葵丘下春秋僖公九年齊桓公會諸侯于葵丘宰孔曰齊侯不務德而勤遠畧北伐山戎南伐楚西爲此會

東畧之不知西則否矣其在亂乎君務靖亂無勤於行晉侯乃還即此地也黃溝又東注大澤蒹葭萑葦生焉即世所謂大薺陂也陂水東北流逕定

陶縣南

又東逕山陽郡

成武縣之楚丘亭北黃溝又東逕郜城北成武縣故城南王莽更之曰成安也黃溝又東北逕郜城北春秋桓公二年經書取郜大鼎于宋戊申納于大廟左傳曰宋督攻孔父而取其妻殺殤公而立公子馮以郜大鼎賂公臧僖伯諫爲非禮十三州志曰今成武縣東南有郜城俗謂之北郜者也黃溝又逕東平樂縣故城南又東右泡水即豐水之

上源也水上承大薺陂東逕貫城北又東逕巳氏縣故城北王莽之巳善也縣有伊尹冢崔駰曰殷帝沃丁之時時伊尹卒葬於薄皇覽曰伊尹冢在濟陰巳氏平利鄉皇甫謐曰伊尹年百餘歲而卒大霧三日沃丁葬以天子之禮親自臨喪以報大德焉又東逕孟諸澤杜預曰澤在梁國睢陽縣東北逕邛城縣故城南地理志曰山陽縣也王莽更名之曰告城矣故世有南部北部之論也又東逕單父故城南昔宓子賤之治也孔子使巫馬期觀政入其境見夜漁者問曰子得魚輒放何也曰小者吾大夫欲長育之故也子聞之曰誠彼形此子賤得之善矣惜哉不齊所治者小也王莽更名斯

縣爲利善矣世祖建武十三年封劉茂爲侯國又東逕平樂縣右合泡水水上承濉水於下邑縣界東北注一水上承濉水於杼秋縣界北流世又謂之瓠盧溝水積爲渚渚水東北流二渠雙引左合澧水俗謂之二泡也自下澧泡並得通稱矣故地理志曰平樂侯國也泡水所出又逕豐西澤謂之豐水漢書稱高祖送徒麗山徒多亡到豐西澤有大蛇當徑拔劍斬之此即漢高祖斬蛇處也又東逕大偃水分爲二又東逕豐縣故城南王莽之吾豐也水側城東北流右合枝水上承豐西大偃派流東北逕豐城北東注澧水澧水又東合黃水時人謂之狂水蓋狂黃聲相近俗傳失實也自下黃水

又兼通稱矣水上舊有梁謂之泡橋王智深宋史云宋太尉劉義恭於彭城遣軍王稽玄敬北至城覘候魏軍魏軍於清西望見玄敬士衆魏南康侯杜道儁引趣泡橋沛縣民逆燒泡橋又於林中打鼓儁謂宋軍大至爭渡泡水水深酷寒凍溺死者殆半清水即泗水之別名也沈約宋書稱魏軍欲渡清西非也泡水又東逕沛縣故縣城南秦末兵起蕭何曹參迎漢祖於此城高帝十一年封合陽侯劉仲子爲侯國城内有漢高祖廟廟前有三碑後漢立廟基以青石爲之階陛尚存劉備之爲徐州也治此袁術遣紀靈攻備備求救呂布布救之屯小沛招靈請備共飲布謂靈曰玄德布弟也布

性不喜合鬬但喜解鬬乃植戟於門布彎弓曰觀布射戟小支中者當各解兵不中可留決鬬一發中之遂解此即布射戟支處也述征記曰城極大四周塹通豐水豐水於城南東注泗即泡水也地理志曰泡水自平樂縣東北至沛入泗者也泗水南逕小沛縣東縣治故城南垞上東岸有泗水亭漢祖爲泗水亭長即此亭也故亭今有高廟廟前有碑延熹十年立廟闕崩褫畧無全者水中有故石梁處遺石尚存高祖之破黥布也過之置酒沛宮酒酣歌舞慷慨傷懷曰遊子思故鄉也泗水又東南逕流廣戚縣故城南漢武帝元朔元年封劉澤爲侯國王莽更之曰力聚也泗水又逕留縣而

南逕垞城東城西南有崇侯虎廟道淪遺愛不知何因而遠有此圖泗水又南逕宋大夫桓魋冢西山抗泗水上而盡石鑿而爲冢今人謂之石郭者也郭有二重石作工巧夫子以爲不如死之速朽也

又東南過彭城縣東北

泗水西有華龍寺是沙門釋法顯遠出西域浮海東還持龍華圖首創此制法流中夏自法顯始也其所持天基二石仍在南陸東基堪中其石尚光潔可愛泗水又南淮水入焉而南逕彭城縣故城東周顯王四十二年九鼎淪沒泗淵秦始皇時而鼎見於斯水始皇自以德合三代大熹使數千人投水求之不得所謂鼎伏也亦云系而行之未出龍齒齧斷其系故語曰稱樂大早絕鼎系當是孟浪之傳耳泗水又逕龔勝墓碣尚存又經亞父冢東皇覽曰亞父冢在廬江縣郭東居巢亭中有亞父井吏民親事皆祭亞父於居巢廳上後更造祠於郭東至今祠之按漢書項羽傳歷陽人范增未至彭城而發疽死不言之居巢今彭城南有項羽掠馬臺臺之西南山麓上即其冢也曾不慕范蠡之舉而自絕於斯可謂褊矣推考書墓事近於此也

又東南過呂縣南

呂宋邑也春秋襄公元年晉師伐鄭及陳楚子辛

救鄭侵宋呂留是也縣對泗水漢景帝三年有白頸烏與黑烏羣鬬於縣白頸烏不勝墮泗水中死者數千京房易傳曰逆親親厥妖白黑烏鬬時有吳楚之反泗水之上有石梁焉故曰呂梁也昔宋景公以弓工之弓彎弧東射矢集彭城之東飲羽於石梁即斯梁也懸濤漰渀實爲泗嶮孔子所謂魯鼈不能道又云懸水三十仞流沬九十里今則不能也蓋惟嶽之喻未便極天明矣晉太康地記曰水出磬石書所謂泗濱浮磬者也泗水又東南流丁溪水注之溪水上承泗水於呂縣東南流北帶廣陽山高而注于泗川泗水冬春淺澁常排沙通道是以行者多從此溪即陸賦所云乘丁水之

捷岸排泗川之積沙者也晉太元九年左將軍謝玄於呂梁遣督護聞人奭用功九萬擁水立七埭以利運漕者

又東南過下邳縣西

泗水歷縣逕葛嶧山東即奚仲所遷邳嶧者也泗水又東南逕下邳縣故城西東南流沂水流納注焉故東海屬縣也應劭曰奚仲自薛徙居之故曰下邳也漢徙齊王韓信爲楚王都之後乃縣焉王莽之潤嶮矣東陽郡治文穎曰秦嘉東陽郡今下邳是也晉灼曰東陽縣本屬臨淮郡明帝分屬下邳後分屬廣陵故張晏曰東陽郡今廣陵郡也漢明帝置下邳郡矣城有三重其大城中有司馬石

也鎭東將軍胡質司徒王渾監軍石崇四碑南門
謂之白門魏武擒陳宫於此處矣中城呂布所守
也小城晉中興北中郎將荀羨郗曇所治也昔太
伯山吳伯武少孤與弟文章相失二十餘年遇於
縣市文章欲毆伯武心神悲慟因相尋問乃兄弟
也縣爲沂泗之會也又有武原水注之水出彭城
武原縣西北會注陂南逕其城西王莽之樂亭也
縣東有徐廟山山因徐徙以即名之也山上有石
室徐廟也武原又南合武水謂之泇水南逕剛亭
城又南至下邳入泗謂之武原水口也又有桐水
出西北東海容丘縣東南至下邳入泗泗水東南
逕下相縣故城東王莽之從德也城之西北有漢

太尉陳球墓墓前有三碑是弟子管寧華歆等所
造初平四年曹操攻徐州破之拔取慮睢陵夏丘
等縣以其父避難被害於此屠其男女十萬泗水
爲之不流自是數縣人無行跡亦爲暴矣泗水又
東南得睢水口泗水又逕宿預城之西又逕其城
南故下邳之宿留縣也王莽更名之曰康義矣晉
元皇之爲安東也督運軍儲而爲邸閣也魏太和
中南徐州治後省爲戍梁將張惠紹北入水軍所
次憑固斯城更增修郭壍其四面引水環之今城
在泗水之中也

又東南入于淮

泗水又東逕陵柵南西征記曰舊陵縣之治也泗

水又東南逕淮陽城城北臨泗水昔菑丘訢飲馬斬蛟眇目於此處也泗水又東南逕魏陽城北城枕泗川陸機行思賦曰行魏陽之枉渚故無魏陽疑即泗陽縣故城也王莽之所謂淮平亭矣蓋魏文帝幸廣陵所由或因變之未詳也泗水又東逕角城北而東南流注于淮考諸地說或言泗水於雎陵入淮亦云於下相入淮皆非實錄也

沂水出泰山蓋縣艾山

鄭玄云出沂山亦或云臨樂山水有三源南源所導世謂之柞泉屯水所發俗謂之魚窮山俱東南流合成一川右會洛預水水出洛預山東北流注之沂水東南左合桑預水水北出桑預山東流于沂水又東南螳蜋水入焉出魯山東南流右注沂水水又東逕蓋縣故城南東會連綿之水水發連綿山南流逕蓋城東而南入沂沂水又東逕浮來之山春秋經書公及莒人盟于浮來者也即公來山也在邳鄉西故號曰邳來之間也浮來之水注之其水左控三川右會甘水而注于沂沂水又南逕爆山西山有二峯相去一里雙巒齊秀貞峙若一沂水又東南逕東莞縣故城西與沂水合孟康曰縣故鄆邑今鄆亭是也漢武帝元朔二年封城陽共王子吉爲東莞侯魏文帝黃初中立爲東莞郡東燕錄謂之團城劉武帝北伐廣固登之以望王難魏南青州治左氏傳曰莒魯爭鄆爲日多

矣今城北鄆亭是也京相璠曰琅邪姑幕縣南四
十里貟亭故魯鄆邑世變其字非也郡國志東苑
有鄆亭今在團城東北四十里猶謂之故東苑城
矣小沂水出黃孤山西南流逕其城北西南注于
沂沂水又南與閭山水合出閭山山東南流右佩
二水總歸於沂沂水南逕東安縣故城東而南合
時密水水出時密山莒地莒人歸共仲于魯及密
而死是也密水東流逕東安城南漢封魯孝王子
強爲東安郡密水又東南流入沂沂水又南桑泉
水北出五女山東南流巨圍水注之水出巨圍之
山東南注于桑泉水桑泉水又東南堂阜水入焉
其水導源堂阜春秋莊公九年管仲請囚鮑叔受

之及堂阜而稅之杜預曰東莞蒙陰縣西北有夷
吾亭者是也堂阜水又東南注桑泉水桑泉水又
東南逕蒙陰縣故城北王莽之蒙恩也又東南與
蔓嵩水合水有二源雙會東導一川俗謂之汶水
也東逕蒙陰縣注桑泉水又南東盧川水注之水
出鹿嶺山東南流左則二川臻湊右則諸葛泉源
斯奔亂流逕城陽之盧縣故蓋縣之盧上里也漢
武元朔二年封城陽共王子劉豨爲侯國王莽更
名之曰著善矣又東南注于桑泉水桑泉水又東
南右合蒙陰二水水出蒙陰山東北流昔琅邪承
宮避亂此山立性好仁不與物競人有認其豕者
捨之而去其水東北流入于沂沂水又南逕陽都

縣故城東縣故陽國也齊同盟齊利其地而遷之
者也漢高帝六年封將軍丁復爲侯國沂水又南
與蒙山水合水出蒙山之陰東流逕鄒縣南東注
沂沂水又左合温水水上承温泉陂而西南入于
沂水者也

南過琅邪臨沂縣東又南過開陽縣東

沂水南逕中丘城西春秋隱公七年夏城中丘左
傳曰書不時也沂水又南逕臨近縣故城東郡國
志曰琅邪有臨沂縣故屬東海郡有洛水注之外
出太山南武陽縣之冠石山地理志冠石山洛水
所出應劭地理風俗志曰武水出焉蓋水異名也
東流逕蒙山下有蒙祠洛水又東南逕顓臾城北

郡國志曰縣有顓臾城季氏將伐之孔子曰昔者
先王以爲東蒙主社稷之臣也何以伐爲冉有曰
今夫顓臾固而便近於費者也洛水又東南流逕
費縣故城南地理志東海之屬縣也爲魯季孫之
邑子路將墮之公山弗擾師襲魯弗克後季氏爲
陽虎所執弗擾以費畔即是邑也漢高帝六年封
陳賀爲侯國王莽更名之曰順從也許慎說文云
沂水出東海費縣東西入泗從水斤聲呂忱字林
亦言是矣斯水東南所注者沂水在西不得言東
南趣也皆爲謬矣故世俗謂水爲小沂水洛水又
東南逕祊城南春秋隱公八年鄭伯請釋太山之
祀而祀周公使宛歸泰山之祊而易許田杜預釋

地曰祊鄭祀泰山之邑也在琅邪費縣東南洛又
東南流注于沂沂水又南逕開陽縣故城東縣故
鄅國也春秋左傳昭公十八年邾人襲鄅盡俘以
歸鄅子曰余無歸矣從帑于邾是也後更名開陽
矣春秋哀公三年經書季孫斯叔孫州仇帥師城
啓陽者是矣縣故琅邪郡治也
又東過襄賁縣東屈從縣南西流又屈南過剡縣西
魯連子稱陸子謂齊湣王曰魯費之衆臣甲舍于
襄賁者也王莽更名章信也剡故國也少昊之後
春秋昭公十七年剡子朝魯公與之宴昭子叔孫
婼問曰少昊鳥名官何也剡子曰吾祖也我知之
黄帝炎帝以雲火紀官太皡以龍紀少皡瑞鳳鳥

統歷鳥官之司議政斯在孔子從而學焉旣而告
人曰天子失官學在四夷者也竹書紀年晉烈公
四年越子朱句滅郯以郯子鴣歸縣故舊魯也東
海郡治秦始皇以爲郯郡漢高帝二年更從今名
即王莽之沂平者也
又南過良城縣西又南過下邳縣西南入于泗
春秋左傳曰昭公十三年秋晉侯會吳子于良吳
子辭水道不可以行晉乃還是也地理志曰良城
王莽更名承翰矣沂水於下邳縣北西流分爲二
水一水於城北西南入泗一水逕城東屈從縣南
亦注泗謂之小沂水水上有橋徐泗閒以爲圯昔
張子房遇黄石公於圯上即此處也建安二年曹

操圍呂布於此引沂泗灌城而擒之

洙水出泰山蓋縣臨樂山

地理志曰臨樂山洙水所出西北至蓋入泗水或作池字蓋字誤也洙水自山西北逕蓋縣漢景帝中元五年封后兄信爲侯國又西逕太山東平陽縣春秋宣公八年冬城平陽杜預曰今太山平陽縣是也河東有平陽故此加東矣晉武帝元康九年改爲新泰縣也

西南至卞縣入于泗

洙水西南流盜泉水注之泉出卞城東北卞山之陰尸子曰孔子至於暮矣而不宿於盜泉渴矣而不飲惡其名也故論撰考讖曰水名盜泉仲尼不

漱即斯泉矣西北流注于洙泗洙水又西南流于卞城西西南泗水亂流西南至魯縣東北又分爲二水水側有故城兩水之分會也洙水西北流逕孔里此是謂洙泗之間矣春秋之浚洙非謂始導矣蓋深廣之耳洙水又西南枝津出焉又南逕瑕丘城東而南入石門門右結石爲水門跨於水上也西南流世謂之杜武溝洙水又西南逕平陽縣之顯閭亭西邾邑也春秋襄公二十一年經書邾庶其以漆閭丘來奔者杜預曰平陽北有顯閭亭十三州記曰山陽南平陽縣又有閭丘鄉從征記田杜謂顯閭丘也今按漆鄉在縣東北漆鄉東北十里見有閭丘鄉顯閭非也然則顯閭自是別亭

未知孰是又南流水注之呂忱曰洸水出東平上水汶水於崗縣西闡亭東爾雅曰汶別爲闡其曰洛之波矣洸水西南流逕盛鄉城西京相璠曰剛縣西南有盛鄉城者也又南逕太山寧陽縣故城西漢武帝元朔三年封魯共王子劉恬爲侯國王莽改之曰寧順也又南洙水枝津注之水首受洙西南流逕瑕丘城北又西逕寧陽城南又西南入于洸水洸水又西南逕太山郡乘丘縣故城東趙肅侯二十年轉將擧與齊魏戰于乘丘即此縣也漢武帝元朔五年封中山靖王子劉將夜侯國也洸水又東南流注于洙水又南至高平南入于泗水西有茅鄉城東去高平三十里京相璠曰今高平縣西三十里有故茅鄉城者也

水經卷第二十五

水經卷第二十六

漢桑欽撰　後魏酈道元注

沭水　巨洋水　淄水
汶水　濰水　膠水

沭水出琅耶東莞縣西北山

大棄山與小太山連麓而異名也引控衆流積以成川東南流逕邳鄉南南去縣八十許里城有三面而不周於南故俗謂之半城沭水又東南流左右峴水水北出大峴山東南流逕邳鄉東東南流注于沭水也

東南過其縣東

沭水左與箕山之水合水出東諸縣西箕山劉澄之以爲許由之所隱也更爲巨謬矣其山西南流注于沭水也

又東南過莒縣東

地理志曰莒子之國盈姓也少昊後列女傳曰齊人杞梁殖襲莒戰死其妻將赴之道逢齊公公將弔之杞梁妻曰如殖有罪君何辱命焉如殖無罪有先人之弊廬在下妾不敢與郊弔公旋車弔諸室妻乃哭於城下七日而城崩故琴操云殖死妻援琴作歌曰樂莫樂兮新相知悲莫悲兮生别離哀感皇天城爲之墜卽是城也其城三重並悉崇峻唯南開一門内城方十二里郭周四十許里尸子曰莒君好鬼巫而國亡無知之難小白奔焉樂

毅攻齊守嶮全國秦始皇縣之漢興以爲城陽國
封朱虛侯章治莒王莽之莒陵也光武合城陽國
爲琅耶國以封皇子京雅好宮室窮極伎巧壁帶
飾以金銀帝時京不安莒移治開陽矣沭水又南
表公水東出清山尋坤維而注沭沭水又南潯水
注之水出於巨公之山西南流舊堨以溉諸田東
西二十里南北十五里潯水又西南流入沭沭又
南與葛陂水會水發三注山西南流逕辟城城南
世謂之辟陽城史記建元以來王子侯者年表曰
漢武帝元符二年封城陽共王子節侯劉壯爲侯
國也其水於邑積以爲陂謂之辟陽湖西南流注
于沭水也

又南過陽都縣東入于沂

沭水自陽都縣又南會武陽溝水水東出倉山山
上有故城世謂之監官城非也卽古有利城矣漢
武帝元朔四年封城陽共王子劉釘爲侯國也其
城因山爲基水導山下西北流謂之武陽溝又西
至卽丘縣注于沭沭水又南逕東海郡卽丘縣故
春秋之祝丘也桓公五年經書齊侯鄭伯如紀城
祝丘左傳曰齊鄭朝紀欲襲之漢立爲縣王莽更
之就信也郡國志曰自東海分屬琅耶闞駰曰卽
祝魯之音蓋字承讀變矣沭水又南逕東海厚丘
縣王莽更之況其亭也分爲二瀆西南出今無水
世謂之枯水一瀆南逕建陵縣故城東漢景帝八

年封石綰爲侯國王莽更之曰付亭也沭水又南
逕陵山西魏正元中齊王之鎮徐州也立大堰遏
水西流兩瀆之會置城防之曰曲沭戍自流三十
里西注沭水舊瀆謂之新渠自厚丘西南出左會
新渠南入淮陽宿預縣注泗水地理志所謂至下
邳注泗者也經言於陽都入沂非矣沭水左瀆自
大堰水斷故瀆東南出桑堰水注之水出襄賁縣
泉流東注沭瀆又南左合横溝水水發瀆右東入
沭之故瀆又南暨于渇其水西南流逕司吾山東
又逕司吾縣故城西春秋左傳楚執鍾吾子以爲
司吾縣王莽更之息吾也又西南至宿預注泗水
也沭水故瀆自下堰東南逕司吾城東又東南歷

祖口城中祖水出于楚之祖地春秋襄公十年經
書公與晉及諸侯會吳于祖京相璠曰宋地今彭
城偪陽縣西北有祖水溝去偪陽八十里東南流
逕偪縣故城東北地理志曰故偪陽國也春秋左
傳襄公十年夏四月戊午會于祖晉荀偃士丐請
伐偪陽而封宋向戌焉荀罃曰城小而固勝之不
武弗勝爲笑固請丙寅圍之弗克孟氏之臣秦堇
父輦重如役偪陽人啓門諸侯之士門焉縣門發
郰人紇扶之以出門者狄虎彌建大車之輪而蒙
之以甲以爲櫓左執之右拔戟以成一隊孟獻子
曰詩所謂有力如虎者也主人縣布堇父登之及
堞而絕之隊則又縣之蘇而復上者三主人辭焉

乃退帶其斷以徇於軍三日諸侯之師久於偪陽請歸智伯怒曰七日不克爾乎取之以謝罪也偃士攻之親受矢遂滅之以偪陽子歸獻于武宮謂之夷俘偪陽妖姓也漢以爲縣漢武帝元朔三年封齊孝王子劉就爲侯國王莽更之輔陽也郡國志曰偪陽有祖水祖水而南亂於沂而注于沭謂之祖口城得其名矣東南至朐縣入游注海也

巨洋水出朱虛縣泰山北過其縣西

泰山卽東小泰山也巨洋水卽國語所謂具水矣袁宏謂之巨昧王韶之以爲巨蔑亦或曰朐瀰皆一水也而廣其目焉其水北流逕朱虛縣故城西漢惠帝二年封齊悼惠王子劉章爲侯國地理風

俗記曰丹山在西南丹水所出東入海丹水由朱虛丘阜矣故言朱虛城西有長坂遠峻名爲破車峴城東北二十里有丹山世謂之几山縣在西南非山也丹几字相類音從字變也山導丹水有二源各導一山世謂之東丹西丹水也西丹自究山北流逕劇縣故城東東丹水注之出方山山有三水一水卽東丹水也北逕縣合西丹水而亂流又東北出逕渏薄澗北渏水亦出方流入平壽縣積而爲渚水盛則北南東南流屈而東北流逕平壽縣故城西而北入丹謂之魚合口丹水又東北逕望臺東東北注海蓋亦縣所氏者也

又北過臨朐縣東

巨洋水自朱虛北入臨朐縣熏治泉水注之水出西溪飛泉側瀨於窮坎之下泉溪之上源麓之側有一杞目之爲治泉杞按廣雅金神謂之清明斯地蓋古治官所在故水取稱焉水色澄明而清泠特異淵無潜石淺鏤沙文中有古壇參差相對後人微加功飾以爲嬉遊之處南北邃岸凌空疎木交合先公以太和中作鎭海岱余總角之年持節東州至若炎夏火流閑居倦想提琴命友嬉娛永日桂筍尋泝輕林委浪琴歌既洽懽情亦暢是焉棲寄實可憑衿小東有一湖佳饒鮮筍匪直芳齊勺藥實亦潔並飛鱗其水東北流入巨洋謂之熏治泉又逕臨朐縣故城東城古伯氏駢邑也漢武

帝元朔二年封菑川懿王子劉奴侯國應劭曰臨朐山名也故縣氏之朐亦水名其城側川臨朐是以王莽用表厥稱焉其城上下泝水悉是劉武皇北伐廣固營壘所在矣巨洋又東北逕委粟山東孤阜秀立形若委粟又東北洋注之水西出石膏山西北石澗口東南逕逢山下祠西洋水又南東歷逢山下卽石膏山也麓三成壁立直上山上有石鼓鳴則年凶郭緣生續述征記曰逢山在廣固南三十里有祠并石鼓齊地將亂石人輒打石鼓聞數十里洋水歷其陰而東北流世謂之石溝水東北流出於委粟山北而東注于巨洋謂之石溝曰然是水下流亦有時通塞及其春夏水泛川瀾

無輟亦或謂之爲龍泉水地理志石膏山洋水是出也今於此縣唯是瀆當之似符群證矣巨洋又東北得邳泉口泉源西出平地東流注于巨洋巨洋又北會建德水水西發逢山阜而東流入巨洋水也

又北過劇縣西

巨洋水又東北合康浪水水發縣西南⿰山其山無事樹木而負峭孤峙巑岏分立左思齊都賦曰⿰山其嶺其左是也康浪水北流注于巨洋巨洋又東北逕劇縣故城西古紀國也春秋莊公四年紀侯不能下齊以與弟季大去其國違齊難也後改曰劇故魯連子曰朐劇之人辨者也漢文帝十八年別爲

菑川國後并北海漢武帝元朔二年封菑川懿王子劉錯爲侯國王莽更之愈縣也城之北側有故臺臺西有方地晏謨曰西去齊城九十七里耿弇破張步於臨淄追至巨眜水上僵尸相屬即是水巨洋又東北逕晉龍驤將軍幽州刺史辟閭渾墓東而東北流渾側有一墳甚高大時人咸謂之爲焉陵而不知誰之丘壟也巨洋水又東北逕益縣故城東王莽更之滌蕩也晏謨曰南去齊城五十里司馬宣王伐公孫淵北徙豐人住於此城遂改名爲南豐城也又東北積而爲潭枝津出焉謂之百尺溝西北流逕北益都城也漢武帝元朔三年封菑川懿王子劉胡爲侯國又西北流而注于巨

淀矣

又東北過壽光縣西

巨洋水自湖東北流逕縣故城西王莽之翼平亭也漢光武建武二年封更始子鯉爲侯國城之西南水東有孔子石室故廟堂也中有孔子像弟子問經旣無碑誌未詳所立巨洋又東北流堯水注之水出劇縣南有崩山卽故義山也俗人以其山角因名爲角崩山亦名爲角林山皆世俗音訛也水卽䕬水矣地理志曰劇縣有義山䕬水所出也北逕嵎山東俗亦名之爲青水矣堯水又東北逕東西壽光二城間應劭曰壽光縣有灌亭杜預曰在縣東南斟灌國也又言斟亭在平壽縣東南平

壽故城在白狼水西今北海郡治水上承營陵縣之下流東北逕城東西入別畫湖亦曰朕懷湖湖東西二十里南北三十里東北入海斟亭在溉水東水出桑犢亭東覆甑山亭故高密郡治世謂之故郡城山謂之塔山水曰鹿孟水亦曰戾孟水皆非也地理志曰桑犢故亭北海之屬縣矣有覆甑山溉水所出北逕斟亭西北今曰狼水按地理志北海有斟縣京相璠曰故斟尋國禹後西北去灌亭九十溉水又北逕寒亭西郡國志曰平壽有斟灌東薛瓚漢書集注云按汲郡古文相居斟灌東郡灌是也明帝以封周後改曰衛斟尋在河南非平壽也又云太康居斟尋羿亦居之桀又居之尚

書序曰太康失國兄弟五人徯于洛汭此卽太康之居爲近洛也余考瓚所據今河南有尋也衛國有觀土國語曰啓有五觀謂之姦子五觀蓋其名也所處之邑其名曰觀皇甫謐曰衛也又云夏相徙南丘依同姓之諸侯于斟灌斟尋氏卽汲冢書云相居斟灌也旣依斟尋明斟尋非一居矣窮石旣伏善射篡相韓浞亦因逢蒙弑羿卽其居以生澆因其室而有殪故春秋襄公四年魏絳曰澆用師滅斟灌及斟尋氏處澆于過處殪于戈是以五員言於吳子曰過澆殺斟灌以伐斟尋是也有夏之遺臣曰靡事羿羿之死也逃于鬲氏今鬲縣也收斟灌尋二國之餘燼殺韓浞而立少康滅之有

窮遂亡也是蓋寓其居而生其稱宅其業而表其邑縱遺文沿褫亭郭有傳未可以彼有灌目謂此專此爲捨此尋名而專彼爲是以上推傳應氏之據亦可按矣堯水又東北注巨洋伏琛晏謨並言堯嘗頓駕於此故受名焉非也地理志曰[illegible]水自劇東北至壽光入海沿其逗趣卽是水也

又東北入于海

巨洋水東北逕望海臺西東北流伏琛晏謨並以爲平望亭在平壽縣故城西北八十里古縣又或言秦始皇升以望海因曰望海臺未詳也按史記漢武帝元朔元年封菑川懿王子劉賞爲侯國又東北注于海也

淄水出泰山萊蕪縣原山

淄水出縣西南山下世謂之原泉地理志曰原山淄水所出故經原山之論矣淮南子曰水出自飴山蓋山別名也東北流逕萊蕪谷屈而西北流逕其縣故城南從征記曰城在萊蕪谷當路岨絕兩山間道由南北門漢末有范史雲爲萊蕪令言萊蕪在齊非魯所得引舊說云齊靈公滅萊萊民播流此谷邑落荒蕪故曰萊蕪禹貢所謂萊夷也夾谷之會齊侯使萊人以兵劫魯侯宣尼稱夷不亂華是也余按太無萊柞並山名也郡縣取目焉漢高祖置左傳曰與之無山及萊柞是也應劭十三州記曰太山萊蕪縣魯之萊柞邑淄水又西北轉逕城西又東北流與一水合水出縣東南俗謂之家桑谷水從征記名曰聖水列仙傳曰鹿皮公者淄川人也少爲府小史才巧舉手成器岑山上有神象人不能到小史白府君請木工斧三十人作轉輪造縣閣意思橫生數十日梯道成上其巔作祠屋留止其傍其二間以自固食芝華飲神泉七十餘年淄水未下呼宗族得六十餘人命上山半水出盡漂一郡沒者萬計小史辭遣宗室令下山著鹿皮衣升閣而去後百餘年下賣藥齊市也其水西北流注淄水淄水又北出山謂之萊蕪口東北流者也

又東北過臨淄縣東

淄水自山東北流逕牛山西又東逕臨淄縣故城
南東得天齊水口水出南郊山下謂之天齊淵五
泉並出南北三百步廣十步山即牛山也左思齊
都賦曰牛嶺鎮其南者也水在齊八祠中齊之爲
名起於此矣地理風俗記曰齊所以爲齊者即天
齊淵名也其水北流注于淄水又東逕四豪冢北
水南山下有四冢方基員墳咸高七尺東西直列
是田氏四王冢也淄水又東北逕陽陰里西水東
有冢一基三墳東西八十步是列士公孫接田開
疆古治子之墳也晏子惡其勇無禮投桃以斃之
死葬陽里即此也淄水又北逕其城東城臨淄水
故曰臨淄王莽之齊陵縣也爾雅曰水出其前左

爲營丘武王以其地封太公望賜之以四履都營
丘爲齊或以爲都營陵史記周成王封師尚父于
營丘東就國道宿行遲萊侯與之爭營丘逆旅之
人曰吾聞時難得而易失客寢安殆非就封者也
太公聞之夜衣而行至營丘陵亦丘也獻公自營
丘徙臨淄余按營陵城南無水唯城北有一水世
謂之白狼水西出丹山俗謂凡山也東北流山爾
雅出前左之文不得以爲營丘矣營丘者山名也
詩所謂子之營兮遭我乎猺之間兮作者多以丘
陵號同又去萊差近咸言太公所封考之春秋經
書諸侯城緣陵左傳曰遷杞也毛詩鄭注並無營
字瓚以爲非近之今臨淄城中有丘在小城內周

迴三百步高九丈北降丈五淄水出其前故有營丘之名與爾雅相符城對天齊淵故城有齊城之稱是以晏子言始爽鳩氏居之逢伯陵居之太公居之又曰先君太公築營之丘季札觀風聞齊音曰汪汪乎大風也哉表東海者其太公乎四巳入齊過淄自鏡郭景純言齊之營丘淄水逕其南及東也非營陵明矣獻公之徙其猶晉氏深翼居絳非謂自營陵而之也其外郭即獻公所徙臨淄城也世謂之虜城言齊湣王伐燕燕王噲死虜其民實居因郭以名之秦始皇三十四年滅齊爲郡治臨淄漢高六年封子肥於齊爲王國王莽更名濟南也戰國策曰田單爲齊相過淄水有老人涉淄而出不能行坐沙中單乃解裘於斯水之上也

又東過利縣東

淄水自縣東北流逕東安平城北又東逕巨淀縣故城南征和四年漢武帝幸東萊臨大海三月耕巨淀即此也縣東南則巨淀湖蓋以水受名也淄水又東北逕廣饒縣故城南漢武帝元鼎中封菑川靖王子劉國爲侯國淄水又東北馬車瀆水注之受巨淀淀即濁水所注也呂忱曰濁水一名溷水出廣縣爲山世謂之治嶺山東北流逕廣固城西城在廣縣西北四里四周絕澗岨水深隍晉永嘉中東萊人曹嶷所造也水側山際有五龍口義熙五年劉武王伐慕容超於廣固也以籍嶮難攻

兵力勞弊河間人玄文說裕云昔趙攻曹嶷望氣者以爲繩水帶城非可攻拔若塞五龍口城當必陷石虎從之嶷請降降後五日大雨雷電震開後慕容恪之攻拔龕十旬不拔塞城而龕降降後無幾又震開之舊基猶存宜城修築裕塞之超及城内男女皆悉脚弱病者太半超遂出奔爲晉所擒也然城之所跨實憑地嶮其不可固城者在此濁水東北流逕堯山東從征記曰廣固城北三里有堯山祠堯因巡守登此山後人遂以名山廟在山之左麓廟像東面華宇修整帝圖嚴飾軒冕之容穆然山之上頂舊有上祠今也毀廢無復遺式盤石上尚有人馬之跡徒黃石而已唯刀劒之蹤逼眞矣至於燕鋒伐鍔魏鋏齊銘與今劒莫殊以密模寫知人功所制矣西望胡公陵孫暢之所云青州刺史傳弘仁言得銅棺隸書處濁水又東北流逕東陽城北東北流合長沙水水出逢山北阜世謂之陽水也東北流逕廣縣故城西舊有州刺史治亦曰青州城陽水又東北流石井水注之水出南山頂洞開望若門焉俗謂是山爲礕頭山其水北流注井井際廣城東側三面積石高深一匹有餘長津激浪瀑布而下澎贔之音驚川聒谷漰渀之勢狀同洪井北流入陽水余生長東齊極遊其下於中闊絕乃積綿載後因王事復出海岱郭金紫惠同石井賦詩言意爾日嬉娛尤慰羇心但恨

此水時有通塞耳陽水東逕故七級寺禪房南水
北則長廡偏駕局閣承阿林之際則繩坐疏班錫
鉢閒設所謂修修釋子眇眇禪棲者也陽水又東
東逕陽城東南義熈中晋青州刺史羊穆之築此
以在陽水之陽卽謂城之東陽城世以濁水爲西
陽水故也水流亦有時窮通信爲靈矣昔在宋世
是水絕而復流劉晃賦通津焉魏太和中此水復
竭輟流積年先公滁州卽任未朞是水復通澄映
盈川所謂幽谷枯而更溢窮泉輟而復流矣海岱
之士又頌通津焉平昌尼氏孫道相頌曰唯彼繩
泉竭喻三齡祈盡珪璧謁窮斟生道從隆替降由
聖明耋民河閒趙嶷頌云敷化未朞玄澤潛施枯

源陽瀾涸川滌陂北海郭欽曰先政輟津我后通
洋但頌廣文煩難以具載陽水又北屈逕漢城陽
景王劉章廟東東注于巨洋後人堨斷令北注濁
水時人通謂濁水爲陽水故有南陽北陽水之論
二水渾流世謂之爲長沙水也亦或通名之爲繩
水故晏謨伏琛爲齊記並云東陽城既在繩水之
陽宜爲繩陽城非也世又謂陽水爲洋水余按羣
書盛言洋水出臨朐縣而陽水導源廣縣兩縣雖
隣川土不同於事疑焉濁水又北逕臧氏臺西又
北逕益城西又北流注巨濊地理志曰廣縣爲山
濁水所出東北至廣饒入巨淀巨淀之右又有女
水注之水出東安平縣之蛇頭山從征記曰水西

有桓公冢甚高大墓方七十餘丈高四丈員墳圍二十餘丈高七丈餘一墓方七丈二墳晏謨曰依陵記非葬禮如承世故與其母同墓而異墳伏琛所不詳也冢東山下女水原有桓公祠侍其衡奏魏武王所立曰近日路次齊郊瞻望桓公墳壟在南山之阿請爲立祀爲塊然之主郭緣生述征記曰齊桓公冢在齊城南二十里因山爲墳大冢東有女水或云齊桓公女冢在其上故以名水也女水導川東北流甚有神焉化隆則水生政薄則津竭燕建平六年水忽暴竭玄明惡之寢病而亡燕太上四年女水又竭慕容超惡之燕祚遂淪女水東北流逕東平安縣故城南續述征記曰女水至

安平城南伏流一十五里然後更流注北楊水城故酅亭也春秋魯莊公三年紀季以酅入齊公羊傳曰季者何紀侯弟也賢其伏罪請酅以奉五祀田成子單之故邑也後以爲縣博陵有平故此加東也世祖建武七年封菑川王子劉茂爲侯國又逕安平城東東北逕壟丘東東北入溉地理志曰菟頭山女水所出東北至臨淄入巨淀又北爲馬車瀆北合淄水又北時繩之水注之時水出齊城西南北二十五里平地出泉即如水也亦謂之源水因水色黑俗又目之爲黑水西北逕黃山東又北歷愚山山東有愚公冢時水又屈而逕杜山北有愚公谷齊桓公時公隱於溪隣有認其駒者公

以與之山即杜山之通阜以其人狀愚故謂之愚公故山水有石梁亦謂爲石梁水又有澅水注之水出時水東去臨淄城十八里所謂澅中也俗以澅水爲宿留水西北入于時水孟子去齊三宿而後出澅故世以此而變水名也水南山西有王歜墓昔樂毅伐齊賢而封之歜不受自縊而死水側有田引水溉跡尚存時水又西北逕西安縣故城南本渠也齊大夫雝禀之邑矣王莽更之曰東寧時水又西至石洋堰分爲二水謂之石羊口枝津西北至梁鄒入沛時水又北逕西安城西又北京水系水注之水出齊城西南世謂寒泉也東北流直申門西京相璠杜預並言申門即齊城南面西

第一門矣爲申池昔齊懿公遊申池邴歜庸職二人害公於竹中今池無復髣髴然水側尚有小小竹木以時遺生也左思齊都賦注申池在海濱齊藪也余按春秋襄公十八年晉伐齊戊戌伐雝門之荻己亥焚雍門壬寅焚東北二郭甲辰東侵及沂而不言北掠于海且晉獻子尚不辭死以逞志何容對仇敵而不徵暴草木于海嵎乎又炎夏火流非遠遊之辰懿公見弑蓋是白龍魚遁見困近郊矣左氏捨近遺遠考古非議杜預泛言有推據耳系水傍城北流逕陽門西水次有故封處所謂齊之稷下也當戰國之時以齊宣王喜文學遊說之士鄒衍淳于髡田駢接予慎到之徒七十六人

皆賜列第爲上大夫不治而論議是以齊稷下學士復盛且數百十人劉向別録以稷爲齊城門名也談說之士期會於稷門下故曰稷下也鄭志曰張逸問贊云我先師棘下生何時人鄭玄答云齊田氏時善學者所會處也齊人號之棘下生無常人也余按左傳昭公二十二年莒子如齊盟于稷門之外漢以叔孫通爲博士號稷嗣君史記音義曰欲以繼蹤齊稷下之風矣然棘下又是齊城內地名左傳定公八年陽虎劫公伐孟氏入自上東門戰于南門之內又戰于棘下者也蓋亦儒者之所萃焉故張逸疑而發問鄭玄釋而辯之雖異名于見大歸一也城內有故臺有營丘有故景王祠

卽朱虛侯章廟矣晉起居注云齊有大蛇長三百步負小蛇長百餘步逕於市中市人悉觀自北門所入處也北門外東北二百步有齊相晏嬰冢宅左傳晏子之宅近市景公欲易之而嬰弗更爲誠曰吾生則近市死豈易志乃葬故宅後人名之曰清節里系水又北逕臨淄城西門北而西流逕梧宮南昔楚使躬齊齊王饗之梧宮卽是宮矣其地猶梧臺里臺甚層秀東西一百餘步南北如減卽古梧宮之臺臺東卽闕子所謂宋愚人得燕石處臺西有石杜碑碑猶存漢靈帝熹平五年立其題云梧臺里系水又西逕葵丘北春秋莊公八年襄公使連稱管至父戍葵丘京相璠曰齊西五十里

有葵丘地若是無戍之信公九年齊桓會諸侯于
葵丘宰孔曰齊侯不務脩德而勤遠略葵丘不在
齊也引胡廣汾陰葵丘山陽西北葵城宜在此非
也余原左傳連稱管至父之戍葵丘以瓜時而往
還之期請代弗許將爲齊亂故令無寵之妹候公
於宮因無知之絀遂害襄公若出遠無代寧得謀
及婦人而爲公室之亂乎是以杜預稽春秋之旨
卽傳安之注于臨淄西不得捨近託遠苟成已異
於異可殊卽義爲負然則葵丘之戍卽此地也時
水西左迤爲潭又西逕高陽僑郡南魏所立也又
西北流注于時時水又東北流繩水注之水出營
城東世謂之漢溱水也西北流逕營城北漢景帝

四年封齊悼惠王子劉信都爲侯國繩水又西逕
樂安南博昌縣故城南應劭曰昌水出東萊昌陽
縣道遠不至取其嘉名闞駰曰縣處勢平故曰博
昌繩水西歷貝丘京相璠曰博昌縣南近繩水有
地名貝丘在齊西北四十里春秋莊公八年齊侯
田于貝丘見公子彭生豕立而泣齊侯墜車傷足
於是處也繩水又西北入時水從征記又曰水出
臨淄縣北逕樂安博昌南界西入時水者也自下
通謂之爲繩也昔晉侯與齊侯宴齊侯曰有酒如
繩指喻此水也時水又屈而東北逕傳昌城北時
水又東北逕齊利縣故城北又東北逕巨淀縣故
城北又東北逕廣饒縣故城北東北入淄水地理

風俗志曰淄入濡淮南子曰白公問微言曰若以水投水如何孔子曰淄繩之水合易牙嘗而知之謂斯水矣

又東北入于海

淄水入馬車瀆亂流東北逕琅槐故城南又東北逕馬井城北與時繩之水互受通稱故邑流其號又東北至皮丘沆入于海故晏謨伏琛並言淄繩之水合於皮丘沆西地理志曰馬車瀆至琅槐入于海也蓋舉縣言也

汶水出朱虛縣泰山

山上有長城西接岱山東連琅耶巨海千有餘里蓋田氏之所造也竹書紀年梁惠成王二十年齊築防以為長城竹書又云晉烈公十二年王命韓景子趙烈侯翟員伐齊人長城史記所謂齊威王曰趙侵伐我長城者也伏琛晏謨並言水出縣東南峿山山在小泰山東者也

北過其縣東

汶水自縣東北逕峿城北地理風俗記曰朱虛縣東四十里有峿城亭故縣也又東北逕管寧冢東故晏謨言柴阜西南有魏獨行君子管寧墓墓前有碑又東北逕柴阜山北山之東有徵士邴原冢碑誌存焉汶水又東北逕漢青州刺史孫嵩墓西有碑碣汶水又東逕安丘縣故城北漢高帝八年封將軍張說為侯國地理志曰王莽之誅郅也孟

康曰令渠丘亭莒渠丘城是也伏琛晏謨齊記並言亭在丘城東北十里非城也城對牟山山之西南有孫賓碩兄弟墓碑誌並在也

又北過淳于縣西又東北入于縣

故夏后氏之斟灌國也周武王以封淳于公號曰淳于國春秋桓公六年冬周公如曹傳曰淳于公如曹度其國危遂不復也其城東北則兩川交會也

濰水出琅邪箕縣

琅邪山名也越王勾踐之故國也勾踐并吳欲霸中國徙都琅邪秦始皇二十六年滅齊以爲郡城卽秦王之所築也遂登琅邪大樂之山作層臺於

其上謂琅邪臺臺在城東南十里孤立特顯出于衆山上下周二十里餘傍濱巨海秦王樂之因留三月乃徙黔首二萬戶於琅邪山下復十二年所作臺基三層層高三丈上級平敞方二百餘步高五里刊石立碑紀秦功德臺上有神淵淵主靈焉人汙之則竭齋潔則通神廟在齊八祠中漢武帝亦嘗登之漢高帝呂后七年以爲王國文帝三年更名爲郡王莽改曰塡夷矣濰水導源濰山許愼呂忱云濰水出箕屋山淮南子曰濰水出覆舟山蓋廣異名也東北逕箕縣故城西又西析泉水注之水出析泉縣北松山東南流析泉縣東又東南逕仲固山東北流入于濰地理志曰至箕縣北入

濰者也濰水又東北逕諸縣故城西春秋文公十二年季孫行父城諸及鄆傳曰城其下邑也王莽更名諸幷矣濰水又東北涓水注之水出焉耳山山高百丈上有二石並舉望齊馬耳故世取名焉東去常山三十里涓水發于其陰北逕婁鄉城東春秋昭公五年經書夏莒牟夷以牟婁防茲來奔者也又分諸縣之東爲海曲縣故俗人謂此城爲東諸城涓水又北注于濰水

東北過東武城縣西

縣因岡爲城城周三十里漢高帝六年封郭嘉爲侯國王莽更名之曰祥善矣又北左合扶淇之水水出西南常山東北流注濰晏謨並以濰水爲扶

淇之水以扶淇之水爲濰水非也按經脉誌濰自箕縣北逕東武縣西北流合扶淇之水晏謨伏琛云東武城西北二里濰水者即扶淇之水也濰水又北右合盧水即久台水也地理志曰水出琅邪横縣故山王莽之合丘也山在東武縣故城東南世謂之盧山也西北流逕昌縣故城西東北流齊地記曰東武城東南有盧水水側有勝火木方俗音曰樫子其水經野火燒死炭不滅故東方朔不灰之木者也其水又東北流逕東武縣故城東而西北入濰地理志曰久台水出東南逕東武入濰者也尚書所謂濰淄其道矣

又北過平昌縣東

濰水又北逕石泉縣故城西王莽之養信也地理風俗記曰平昌縣東南四十里有石泉亭故縣也濰水又北逕平昌縣故城東荆水注之水出縣南荆山阜東北流逕平昌縣故城東漢文帝封齊悼惠王肥子卬爲侯國城之東南角有臺臺下有井與荆水通物墜於井則取之荆水昔常有龍出入于其中故世亦謂之龍臺城也荆水又東北流注于濰水又北浯水注之水出浯山世謂之巨平山也地理志曰靈門縣有高原山與浯一山浯水所出東北入濰今是山西接浯山許慎說文言水出靈門山世謂之浯汶矣其水東北逕姑幕縣故城東縣有五色土王者封建諸侯隨方受之故薄姑

氏之國也闞駰曰周成王時薄姑與四國作亂周公滅之以封太公是以地理志曰或言薄姑也王莽曰季睦矣應劭曰左傳曰薄姑氏國太公封焉薛瓚漢書注云博昌有薄姑城未知孰是浯水又東北逕平昌縣故城北古堨此水以溉田南注荆水浯水又東北流而注于濰水也

又北過高密縣西

應劭曰縣有密水故有高密之名也然今世所謂百尺水者蓋密水也水有二源西源出弈山亦曰郭日山晏謨曰山狀郭日是有此名伏琛曰山上郭日故名郭日山也其水東北流東源出五弩山西北流同瀉一壑俗謂之百尺水古人堨以溉田

數十頃此流逕高密縣西下注濰水自下亦兼通稱焉亂流歷縣西碑產山西又東北水有故堰舊鑿石竪柱斷濰水廣六十許步掘東岸激通長渠東北逕高密故城南明帝中元中封鄧震爲侯國縣南十里蓄以爲塘方二十餘里古所謂高密之南都也溉田一頃許陂水散流下注矣安澤濰水自堰北逕高密縣故城西漢文帝十六年別爲膠西國宣帝平始元年更爲高密國王莽之章牟也濰水又北昔韓信與楚將龍沮夾濰水而陣於此信夜令爲萬餘囊盛沙以遏濰水引軍擊沮僞退且追北信決水水大至沮軍半不得渡遂斬龍沮於是水西有厲阜阜上有漢司農卿鄭康成冢

石碑猶存又北逕昌安縣故城東漢明帝中元中封鄧襲爲侯國也郡國志曰漢安帝延光元年復也

又北過淳于縣東

濰水又北左會汶水北逕平城高西又東北逕密鄉亭西郡國志淳于縣有密鄉地理志皆北海之屬縣也應劭曰淳于縣東北六十里有平城亭又四十里有密鄉亭故縣也濰水又東北逕下密縣故城西城東有密阜地理志曰有三石山祠余按應劭密者水名是有下密之稱俗以之阜非也

又東北逕都昌縣東

濰水東北逕逢萌縣人也少有大節恥給事縣亭

遂浮海至遼東復還在不其山隱學明帝安車徵萌以佯狂免又北逕都昌縣故城東漢高祖六年封朱軫爲侯國北海相孔融爲黄巾賊管亥所圍於都昌也太史慈爲融求救劉備持的突圍其處也

又東北入于海

膠水出黔陬縣膠山北北過其縣西

齊記曰膠水出五弩山蓋膠山之殊名也北逕祝茲縣故城東漢武帝元鼎中封膠東康王子延爲侯國又逕扶縣故城西地理志瑯邪之屬縣也漢文帝元年封呂平爲侯國膠水又北逕黔陬故城西袁崧郡國志曰縣有介亭地理志曰故介國也

春秋僖公九年介葛盧來朝聞牛鳴曰是生三犧皆用之問之果然晏謨伏琛並去縣有東西二城相去四十里有膠水非也斯乃拒艾水也水出縣西南拒艾山即齊記所謂黔艾山也東北流逕拒縣故城西王莽之袟國也世謂之王城又謂是水爲洋洋水矣又東北逕晏伏所謂黔取城西四十里有膠水者也又東入海地理志曰瑯邪有推縣拒艾水出焉東入海即斯水也今膠水北逕晏伏所謂西黔陬城東高密郡側有黔陬縣地理志曰膠水出郟縣王莽更之純德矣疑即是縣所未詳

又北過夷安縣東

縣王莽更名之曰原停也應劭曰故萊夷邑也太

史公曰晏平仲萊之夷維之人也漢明帝中元中封鄧珍爲侯國西去維水四十里膠水又北逕膠陽東晏伏並謂之東亭自亭結路南通夷安地理風俗記曰淳于縣東南五十里有膠陽亭故縣也又東北逕左會一水世謂之張奴水水發夷安縣東南阜下西北流歷膠陽縣注于膠水之左東北爲澤水渚百許里謂之夷安潭潭之澤周四十里亦維水枝津之所注也膠水又東北逕下密縣故城東又東北逕膠東縣故城西漢高帝元年別爲國景帝封子寄爲王國王莽更之郁秩也今長廣郡治伏琛晏謨言膠水東北迴達于膠東城北百里流注于海

又北過當利縣西北入于海

縣故王莽更之東萊亭也又北逕平度縣漢武帝元朔二年封菑川懿王子劉行爲侯國王莽更名之曰利盧也縣有土山膠水北歷土山注于海海南土山以北悉鹽坑相承修煑不輟北眺巨海杳冥無極天際兩分白黑方別所謂之溟海者也故地理志曰膠水北至平度入海者也

水經卷第二十六

水經卷第二十七

漢桑欽撰　後魏酈道元注

沔水上

沔水出武都沮縣東狼谷中

沔水一名沮水闞駰曰以其初出沮洳然故曰沮水也縣亦受名焉導源南流泉街水注之出河池縣東南流入沮縣會于沔

沔水又東南逕沮水戍而東南流注漢曰沮口

所謂沔漢者也尚書曰嶓冢導漾東流爲漢山海經所謂漢出鮒嵎山也東北流得獻水口庾仲雍云是水南至關城合西漢水漢水又東北合沮口同爲漢水之源也故如淳曰此方人謂漢水爲沔水故孔安國曰漾水東流爲沔蓋與沔合也至漢

中爲漢水是互相通稱矣

沔水又東逕白馬戍南濜水入焉

水北發武都氐中南逕張魯城東魯沛國張陵孫曾學道於蜀鶴鳴山傳業衡衡傳於魯魯至行寬惠百姓親附供道之費米限五斗故世號五斗米道初平中劉焉以魯爲督義司馬往漢中斷絶谷道用遠城治因卽崤嶺周迴五里東臨濬谷杳然百尋西北二面連峰接崖莫究其極從南爲盤道登陟二里有餘濜水又南逕張魯治東水西山上有張天師堂于今民事之庾仲雍謂山爲白馬塞堂爲張魯治東對白馬城一名陽平關濜水南流

入沔謂之濜口其城西帶濜水南面沔川城側二
水之交故亦曰濜口城矣
沔水又東逕武侯壘南又東逕沔陽故城南
諸葛武侯所居也南枕沔水水南有亮壘背山向
水中有小城迴隔難解沔水又東逕沔陽故城南
城舊漢祖在漢中言蕭何所築也漢建安二十四
年劉備幷劉璋北定漢中始立壇卽漢王位于此
城其城南臨漢水北帶通逵南面崩水三分之一
觀其遺略厥狀時傳南對定軍山曹公南征漢中
張魯降乃命夏侯淵等守之劉備自陽平關南渡
沔水遂斬淵首保有漢中諸葛亮之死也遺令葬
乎其山因卽地勢不起墳壟唯深松茂柏攢蔚川

阜莫知墓營所在山東名高平是亮宿營處有亮
廟亮薨百姓野祭步兵校尉習隆中書郎向充共
表云臣聞周人思邵伯之德甘棠爲之不伐越人
懷范蠡之功鑄金以存其像亮德軌遐邇勳蓋來
世王室之不壞實賴斯人而使百姓巷祭戎夷野
祀非所以存德念功追述在昔者也今若盡順民
心則黷而無典建之京師又逼宗廟此聖懷所以
惟疑也臣謂宜近其墓立之沔陽斷其私祀以崇
正禮始聽立祀斯廟蓋所啓置也鍾士季征蜀枉
駕設祠營東卽八陣圖也遺基略在崩襦難識
沔水又東逕西樂城北
在山上周三十里甚嶮固城側有谷謂之容裘谷

道通益州山多群獠諸葛亮築以防遏梁州刺史
楊亮以卽嶮之固保而居之爲苻堅所敗後刺史
姜守潘猛亦相仍此城城東容裘溪注之俗謂之
洛水也水南導巴嶺山東北流水左有故城憑山
卽嶮四面岨絶言先主遣黃忠據之以拒曹公溪
水又北逕西樂城東而北流注于漢

漢水又左得度口水

出陽平北山水有二源一曰清檢出佳鱯二曰濁
檢出好鮒常以二月八月取之美珍常味度水南
逕陽平縣故城東又南逕沔陽縣故城東而南流
注于漢水又東右會温泉水口水發山北平地方
數十步泉源沸湧冬夏湯湯望之則白氣浩然言

能瘥百病云洗浴者皆有硫黃氣赴集者甞有百
數池水通注漢水

漢水又東黃沙水左注之

水北出遠山山谷邃嶮人跡罕交溪曰五丈溪水
側有黃沙屯諸葛亮所開也其水南注漢水南有
女郎山山上有女郎冢遠望山墳嵬嵬狀高及卽
其所裁有墳形山上直路下出不生草木世人謂
之女郎道下有女郎廟及擣衣石言張魯女也有
小水北流入漢謂之女郎水

漢水又東合褒水

水西北出衙嶺山東南逕大石門歷故棧道下谷
俗謂千梁無柱也諸葛亮與兄瑾書曰前趙子龍

退軍燒壞赤崖以北閣道緣谷一百餘里其閣梁一頭入山腹其一頭立柱於水中今水大而急不得安柱此其窮極不可強也又云頃大水暴出赤崖以南橋閣悉壞時趙子龍與鄧伯苗一戍赤崖屯田一戍赤崖口但得緣崖與伯苗相聞而已後諸葛亮死于五丈原魏延先退而焚之謂是道也自後案舊修路者悉無復水中柱逕涉者浮梁振動無不深心眩目也褒水又東南逕三交城城在三水之會故也一水北出長安一水西北出仇池一水東北出太白山是城之所以取名矣褒水又東南得丙水口水上承丙穴穴出嘉魚常以三月出十月入地穴口廣五六尺去平地七八尺泉懸

注魚自穴下透入水穴口向丙故曰丙穴下注褒水故左思稱嘉魚出於丙穴良木攢於褒谷矣褒水又東南歷小石門門穿山通道六丈有餘刻石言漢明帝永平中司隸校尉犍爲楊厥之所開逮靈帝建和二年漢太中大夫同郡王升嘉厥開鑿之功琢石頌德以爲石牛道來攻本蜀論云秦惠王欲伐蜀而不知道作五石牛以金置尾下言能屎金蜀王負力令五丁引之成道秦使張儀司馬錯尋路滅蜀因曰石牛道厥蓋因而廣之矣蜀都賦曰岨以石門其斯之謂也門在漢中之西褒中之北褒水又東南歷褒口卽褒谷之南口也北口曰斜所謂北出褒斜褒水又南逕褒縣故城東褒中

縣也本褒國矣漢昭帝元鳳六年置褒水又南流入于漢漢水又東逕萬石城下城在高原上原高十餘丈四面臨平形若覆釜水南遏水爲岨西北並帶漢水其城宿是流雜聚居故世亦謂之流雜城

漢水又東逕漢廟堆下

昔漢女所遊側水爲釣臺後人立廟於臺上世人覩其頹基崇廣因謂之漢廟堆傳呼乖實又名之爲漢武堆非也

又東過南鄭縣南

縣故褒之附庸也周顯王之世蜀有褒漢之地至六國楚人兼之懷王衰弱秦略取焉周赧王二年

秦惠王置漢中郡因水名也耆舊傳云南鄭之號始於鄭桓公桓公死於犬戎其民南奔故以南爲稱卽漢中郡治也漢高祖入秦項羽封爲漢王蕭何曰天漢美名也遂都南鄭大城周四十二里城內有小城南憑北結環雉金墉漆井皆漢所修築地沃川險魏武方之雞肋曰釋騏驥而不乘焉皇皇而更求遂留杜子緒鎮南鄭而還晉咸康中梁州刺史司馬勳斷小城東面三分之一以爲梁州漢中郡南鄭縣治也自齊宋魏咸相仍焉水南卽漢陰城也相承言呂后所居也有廉水出巴嶺山北流逕廉川故水得其名廉水又北注漢水漢水右合池水水出旱山山下有祠列石十二不辨其

由蓋杜主之流百姓四時祈禱焉俗謂之獠子水
夾溉諸田散流左注漢水

漢水又東得長柳渡

長柳村名也漢太尉李固墓碑銘尚存文字剥落不可復識漢水又東逕胡城南義熙十五年城上有密雲細雨五色昭章人相與謂之慶雲休符當出曉乃雲霽乃覺城崩半許淪水出銅鍾十二枚刺史索邈奉送洛陽歸之宋府南對扁鵲城當是越人舊所逕涉故邑流其名耳漢水出于二城之間右會盤余水水出南山巴嶺上泉流兩分飛清派注南入蜀水北注漢津謂之盤余口庾仲雝曰盤余去胡城二十里

漢水又左會文水

水即門水也出胡城北山石穴中長老云杜陽有仙人宮石穴宮之前門故號其川爲門川水爲門水東南流逕胡城北三城奇對隔谷羅布深溝固壘高臺相距門水右注漢水謂之高橋溪口

漢水又東黑水注之

水出北山南流入漢庾仲雝曰黑水去高橋三十里諸葛亮牋云朝發南鄭暮宿黑水四五十里指謂是水也道則百里也

又東過城固縣南又東過魏興安陽縣南涔水出自旱山北注之

常璩華陽國記曰蜀以城固爲樂城縣也安陽縣

故鯀漢中魏分漢中立魏興郡安陽鯀焉涔水出
西南而東北入漢左谷水出西面而東北入漢左
谷水出漢北即智水也北發聽山山下有穴水穴
水東南流歷平川中謂之智鄉水曰智水川有唐
公祠唐君字公房城固人也學道得仙入雲臺山
合丹服之白日升天雞鳴天上狗吠雲中唯以鼠
惡留之鼠乃感激以月晦日吐腸胃更生故時人
謂之唐鼠也公房升仙之日壻之行未還不獲同
階雲路約以此川爲居言無繁霜蛟虎之患其俗
以爲因號爲壻鄉故水亦即名焉百姓爲之立廟
於其處也刊石立碑表述靈異也壻水南歷壻鄉
溪出山東南流逕通關勢南山高百餘丈上有匈

如城方五里濬塹三重高祖北定三秦蕭何守漢
中欲修北道通關中故名爲通關勢壻水又東逕
七女冢冢夾水羅布如七星高十餘丈周迴數畝
元嘉六年大水破墳墳崩出銅不可稱計得一塼
刻云項氏伯無子七女造櫛世人疑是項伯冢水
北有七女池池東有明月池伏如偃月皆相通注
謂之張良渠蓋良所開也壻水逕樊噲臺南臺高
五六丈上容百許人又東南逕大城固北城乘高
勢北臨壻水水北有韓信臺高十餘丈上容百許
人相傳高祖齋七日置壇設九賓禮以禮拜信也
壻水東迴南轉又逕其城東而南入漢水謂之三
水口也漢水又東會益口水出北山益谷東南流

注于漢水

漢水又東至灙城南與洛谷水合

水北出洛谷谷北通長安其水南流右則灙水注之水發西溪東南流合爲一水亂流南出際其城西南注漢水

漢水又東逕小城固南

州治大城固移縣北故曰小城固城北百二十里有興勢坂諸葛亮出洛谷戍興勢置烽火樓處通照漢水東歷上濤而逕於龍下蓋伏石驚湍流屯激怒故有上下二濤之名龍下地名也有丘槨墳墟舊謂此館爲龍下亭自白馬迄此則平川夾勢水豐壤沃利方三蜀矣度此溯洄從漢爲山行之始

漢水又東逕石門灘

山峽也東會酉水水北出秦嶺酉谷南歷重山與寒泉合水東出寒泉湧山頂望之交橫似若瀑布頹波激石散若雨灑勢同厭源風雨之池其水西流入于酉水酉水又南注漢謂之酉口

漢水又東逕嫣墟爲灘

世本曰舜居饒内在漢中西城縣或言嫣墟在西北舜所居也或作嫣墟故舜所居也後或姓姚或姓嫣嫣姚之異事妄未知所從余按應劭之言是地於西城爲西北也

漢水又東逕猴徑灘

山多猴猿好乘危綴飲故灘受斯名焉

漢水又東逕小大黃金南

山有黃金峭水北對黃金谷有黃金戍傍山依峭險折七里氐掠漢中阻此爲戍與鐵城相對一城在山上容百餘人一城在山下可置百許人言其嶮峻故以金鐵制名矣昔楊難當令魏興太守薛健據黃金姜寶據鐵城宋遣秦州刺史蕭思話話令陰平太守蕭祖攻拔之賊退西水矣

漢水又東合蘧蒢漢口

水北出就谷在長安西南其水南流逕巴溪戍西又南逕陽都坂東坂自上及下槃折一十九曲西連寒泉嶺漢中記曰自西城涉黃金峭寒泉嶺陽都坂峻崿百重絶日萬尋旣造其峯謂以踰崧岱復瞻前嶺又倍過之言陟羊腸超煙雲之際顧看向塗杳然有不測之嶮山豐野牛野羊騰巖越嶺馳走若飛觸突樹木十圍皆倒山殫艮阻地窮坎勢矣其水南歷蘧蒢溪謂之蘧蒢水而南流注于漢謂之蒢口

漢水又東右會洋水

川流漫潤廣幾里許洋水導源巴山東北流逕平陽城漢中記曰本西鄉縣治也自城固南城南入三百八十里距南鄭四百八十里洋川者漢戚夫人之所生處也高祖得而寵之夫人思慕本鄉追求洋川高帝爲澤致長安蠲復其鄉更名曰縣又

故目其地為洋川用表夫人誕載之休祥也城即
定遠矣漢順帝永光七年封班超以漢中郡南鄭
縣之西鄉為定遠侯即此也洋水又東北流入漢
謂之城陽水口也
漢水又東歷敖頭
舊立倉儲之所傍山通道水陸嶮湊魏興安康縣
治有戍統領流雜
漢水又東合直水
水北出子午谷岩嶺下又南枝分東注旬水又南
徒閣下山上有戍置於崇阜之上下臨深淵張子
房燒絕棧閣示無還也又東南歷直谷逕直城西
而南流注漢

漢水又東逕直城南
又東逕千渡而至蝦蟇頭歷漢陽撫口而屆于彭
溪龍竈矣並溪澗灘磧之名也
漢水又東逕晉昌郡之寧都縣南
縣治松溪口又東逕魏興郡廣城縣治王谷谷道
南出巴獠有鹽井食之令人癭疾
漢水又東逕魚脯溪口
舊西城廣城二縣指此谷而分界也
又東過西城縣南
漢水又東逕鱉池而鯨灘鯨大也蜀都賦曰流漢
湯湯驚浪雷奔望之天迴即之雲昏者也漢水又
東逕嵐谷北口嶠遠溪深澗峽吹近氣蕭蕭以瑟

瑟風颼颼而飀飀故川谷擅其目矣

漢水又東右得大勢

勢岨急溪故亦曰急勢也依山爲城城周二里在峻山上梁州督護吉挹所治苻堅遣偏軍韋鍾伐挹挹固守二年不能下無援遂陷

漢水右對月谷口

山有坂月川於中黃壤沃衍而桑麻列植佳饒水田故孟達與諸葛亮書善其川土沃美也

漢水又東逕西城縣故城南

地理志曰西城故漢中郡之屬縣也漢末爲西城郡建安二十四年劉備以申儀爲西城太守儀據郡降魏魏文帝改爲魏興郡治故西城縣之故城

也氏略漢川梁州私治於此城內有舜祠漢高帝廟置民九戶歲時奉祠焉

漢水又東爲鱣湍

洪波渀盪淵浪雲頹古老且舊言有鱣魚奮鰭遡流望濤直上至此則爆鰓失濟故因名湍矣

漢水又東合旬水

水北出旬山東南流逕平陽戍下與直水枝分東注逕平陽戍入旬水旬水又東南逕旬陽縣與柞水合水西出柞溪南流逕重崖堡西屈而東流逕其堡南東南注于旬水旬水又東南逕旬陽縣南縣北山有懸書崖高五十丈刻石作字今人不能上不知所道山下石壇上有馬跡五所名曰馬跡

山旬水東南注漢之旬口
漢水又東逕木蘭塞南
石岸有城名陵城周迴數里左岸壘石數十行重
壘數十里中謂是處爲木蘭塞云吳朝遣軍救孟
達於此矣
漢水又東左得育漢
與晉旬陽二縣分界於是谷漢水又東谷甲水口
水出秦嶺山東南流逕金井城南又東逕上庸郡
北與關柎水合水出上洛陽亭縣北青泥西山南
逕陽亭聚西俗謂之平陽水南合豐鄉川水水出
弘農豐鄉東山西南流逕豐鄉故城南京相璠曰
南鄉淅縣有故酆鄉春秋所謂酆淅也於地理屬
弘農今屬南鄉又西南合關柎水關柎水又南入

上津注甲水甲水又東南逕魏興郡之興陽南晉
武帝太康中立甲水又東右入漢水漢水又東爲
龍淵淵上有胡鼻山石類胡人鼻故也下臨龍井
渚淵深數丈
漢水又東逕魏興郡之錫縣故城北
爲白石灘縣故春秋之錫穴地也故屬漢水中王
莽之錫治也縣有錫義山方圓百里形如城四面
有門上有石壇長十餘丈世傳列仙所居今有道
士被髪餌朮恒數十人山高谷深多生薇蘅草其
草有風不偃無風獨搖漢水又東逕長利谷南入
谷有長利故城舊縣也

漢水又東歷姚方

蓋舜後枝居是處故地留姚稱也

水經卷第二十七